SIMBIOSE CORPORATIVA

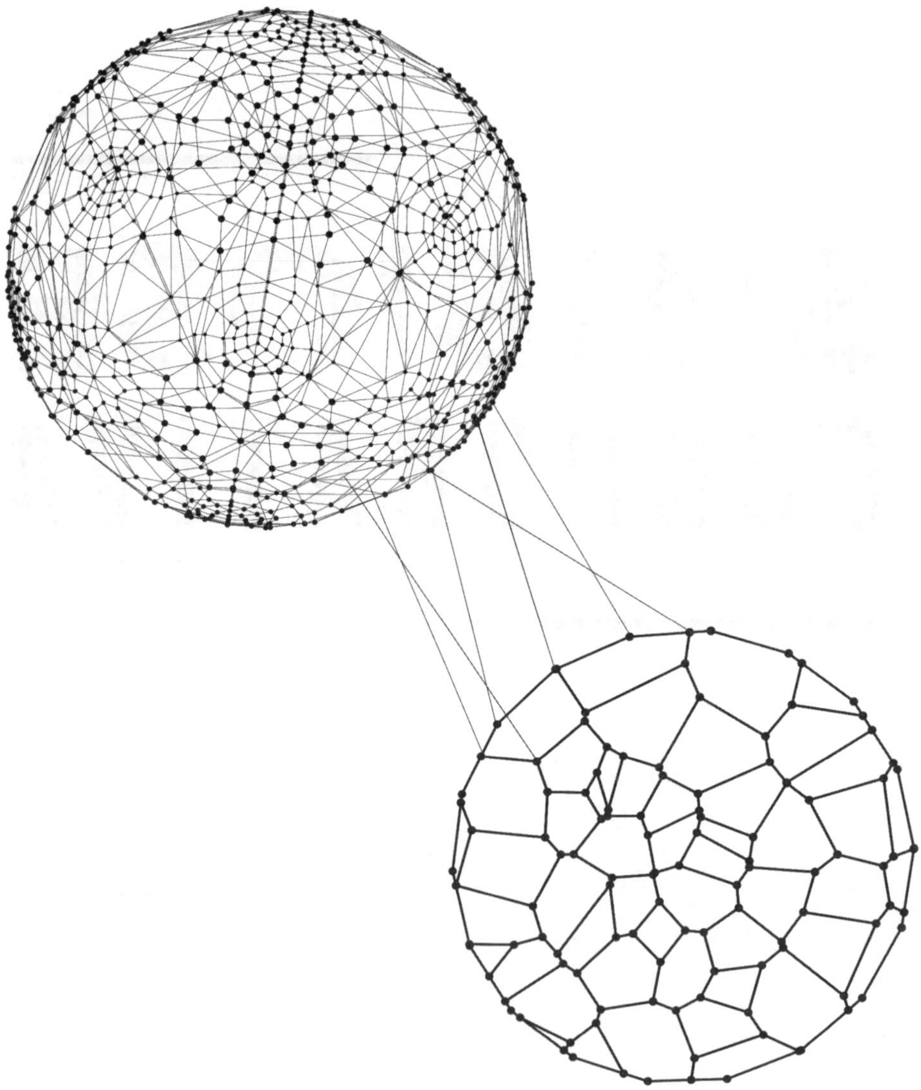

MAXIMILIANO CARLOMAGNO
FELIPE SCHERER

SIMBIOSE CORPORATIVA

COMO **GRANDES EMPRESAS** PODEM INOVAR MAIS E MELHOR **TRABALHANDO COM STARTUPS**

ALTA BOOKS
EDITORA
Rio de Janeiro, 2025

Simbiose Corporativa

Alta Books é uma empresa do Grupo Editorial Alta Books (Starlin Alta Editora e Consultoria LTDA).

ISBN: 978-85-508-2530-4

Impresso no Brasil – 1ª Edição, 2025 – Edição revisada conforme o Acordo Ortográfico da Língua Portuguesa de 2009.

DADOS INTERNACIONAIS DE CATALOGAÇÃO NA PUBLICAÇÃO (CIP)
(BENITEZ CATALOGAÇÃO ASS. EDITORIAL, MS, BRASIL)

S347s
1.ed. Scherer, Felipe Ost
Simbiose corporativa : como grandes empresas podem inovar mais e melhor trabalhando com startups / Felipe Ost Scherer, Maximiliano Carlomagno. – 1.ed. – Rio de Janeiro : Alta Books, 2025.
224 p.; 15,7 x 23 cm.

ISBN 978-85-508-2530-4

1. Administração de empresa. 2. Governança corporativa. 3. Inovações organizacionais. 4. Modelos de negócios. 5. Riscos (Gestão). 6. Startups. I. Carlomagno, Maximiliano. II. Título.

11-2024/204 CDD 658.1

ÍNDICE PARA CATÁLOGO SISTEMÁTICO:
1.STARTUPS : ADMINISTRAÇÃO DE EMPRESAS 658.1
ALINE GRAZIELE BENITEZ – BIBLIOTECÁRIA - CRB-1/3129

Grupo Editorial Alta Books

Produção Editorial: Grupo Editorial Alta Books
Diretor Editorial: Anderson Vieira
Editor da Obra: J. A. Ruggeri
Vendas Governamentais: Cristiane Mutüs
Gerência Comercial: Claudio Lima

Produtora Editorial: Ana Clara Tambasco
Revisão: Carol Colffield e Kamila Wozniak
Diagramação: Vanessa S. Marine
Capa: Karma Brandão

ALTA BOOKS
GRUPO EDITORIAL

Rua Viúva Cláudio, 291 – Bairro Industrial do Jacaré
CEP: 20.970-031 – Rio de Janeiro (RJ)
Tels.: (21) 3278-8069 / 3278-8419
www.altabooks.com.br – altabooks@altabooks.com.br
Ouvidoria: ouvidoria@altabooks.com.br

Editora
afiliada à:

OS AUTORES

Maximiliano Carlomagno é sócio-fundador da Innoscience. Mestre em administração (PUCRS); doutorando em administração (EAESP/FGV); certificate em estratégia e inovação na MIT Sloan Management School; colunista da *MIT Sloan Management Review Brasil*; professor convidado de cursos de educação executiva em inovação no Insper, FGV, IBGC, GoNEW e Startse; TEDx Speaker; autor do livro *Gestão da Inovação na Prática.*

Felipe Ost Scherer é sócio-fundador da Innoscience. Mestre em administração de empresas com ênfase em ciência e tecnologia (UFRGS). Consultor empresarial, palestrante e professor convidado de diversas instituições de ensino como UFSCAR, PUCRS, IBGC e ESPM. Autor dos livros *Gestão da Inovação na Prática* e *O Time dos Sonhos da Inovação.* Colunista no blog Inovação na Prática na Exame.com.

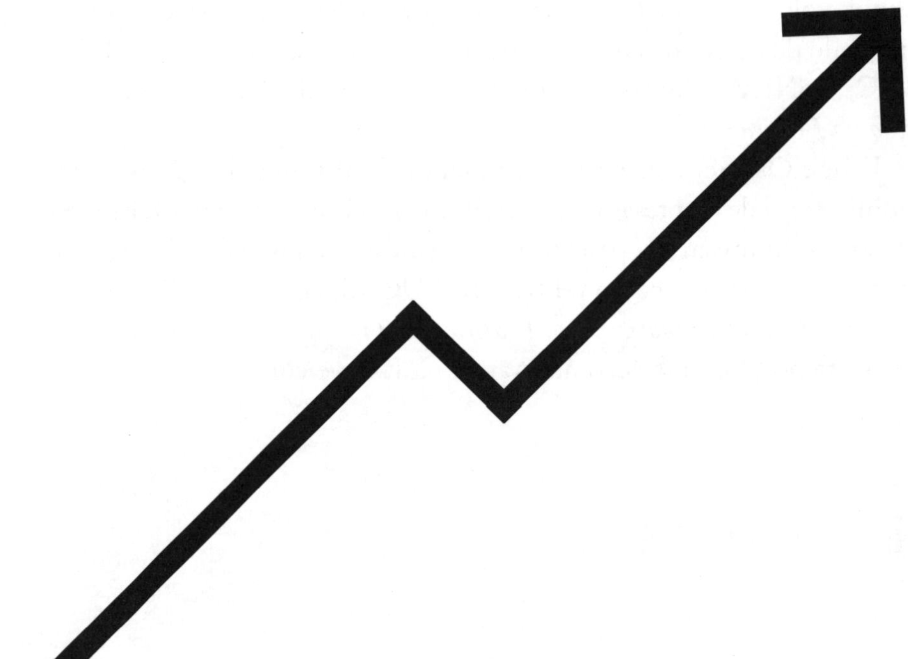

Dedico este livro às minhas duas filhas, Chiara e Bella, fonte de inspiração e propósito para a criação de um mundo melhor por meio da inovação. À minha esposa, Lívia, por me apoiar em todos meus projetos profissionais, sempre com uma visão carinhosa e positiva dos desafios. Aos meus pais, Pedro e Taine, por me incentivarem a buscar o conhecimento e a olhar o mundo de forma crítica.

— Maximiliano Carlomagno

Dedico aos meus pais, Ático e Veronice, cuja entrega e sabedoria servem de exemplo para as minhas escolhas. À Camila, minha companheira constante, cujo apoio é o alicerce sobre o qual construí meus sonhos. À Manuela e ao Bernardo, estrelas-guias da minha jornada, que renovam minha felicidade a cada sorriso e olhar curioso. Que este livro possa ser um tributo ao amor e ao legado que vocês representam em minha vida.

— Felipe Ost Scherer

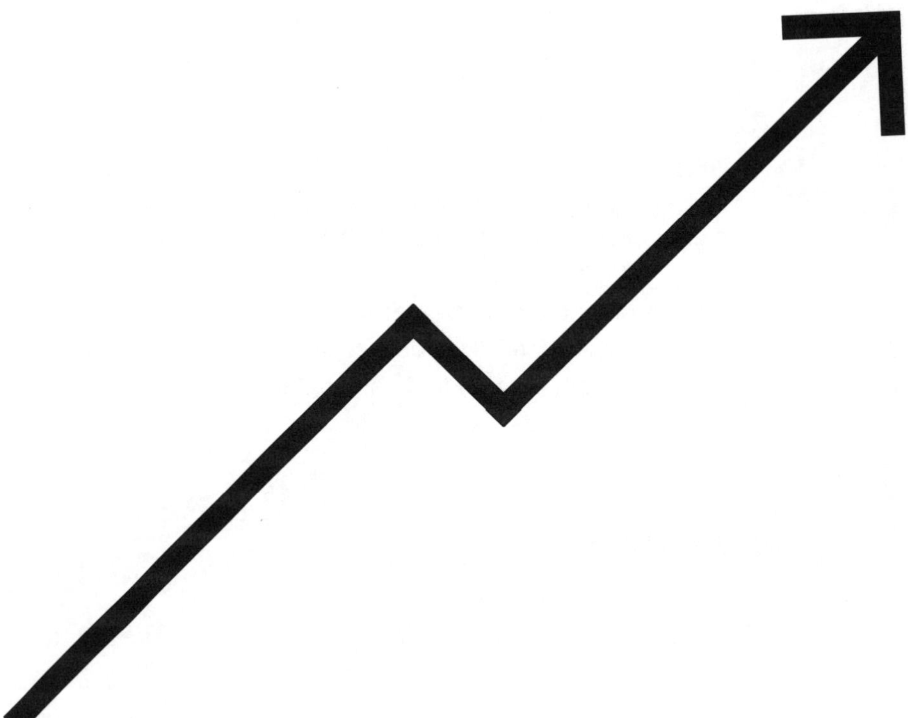

AGRADECIMENTOS

O desenvolvimento de um livro como *Simbiose Corporativa* é uma jornada de múltiplos atores, motivo pelo qual é fundamental reconhecer aqueles que de alguma forma contribuíram para ela.

Ao time da Innoscience, por executar os projetos com os clientes. A dedicação e inteligência colocada pelas mais de quarenta pessoas envolvidas com os programas de inovação aberta com startups nos permitiu criar, validar e desenvolver a metodologia que consta deste livro. De maneira nominal agradecemos à Stefanie, que apoiou a elaboração do toolkit e dos *cases* do livro, e à Mylena, que suportou a fase final de revisão.

Aos nossos clientes, pela confiança depositada em nossa metodologia, e por possibilitarem que desenvolvêssemos iniciativas com as empresas mais inovadoras do Brasil que serviram como base para esta obra.

Às startups, parceiras de inovação aberta, pelo desenvolvimento das soluções criativas que contribuem para gerar eficiência, novos produtos e negócios.

À editora, que embarcou nesta jornada e acreditou na possibilidade de elaborar um livro focado em inovação aberta com startups.

— Maximiliano Selistre Carlomagno e Felipe Ost Scherer

SUMÁRIO

LISTA DE FIGURAS

LISTA DE TABELAS

PREFÁCIO

Em abril de 2006 inovações como o iPhone, WhatsApp, Uber, Airbnb, iFood, Rappi, e outras que hoje fazem parte do nosso dia a dia, não existiam. O montante de capital de risco investido em startups brasileiras era pífio. No entanto, a necessidade de inovação nas grandes empresas já era evidente.

A possibilidade de levar inovação às gigantes brasileiras estimulou-nos a que fundássemos a Innoscience, reunidos num café no centro de Porto Alegre. Não poderíamos prever a intensidade da transformação do ecossistema de inovação e do empreendedorismo brasileiro nos quinze anos subsequentes, afinal, como disse o físico Niels Bohr, "*é difícil fazer previsões, especialmente sobre o futuro*".

A verdade é que, de lá para cá, muita coisa mudou. As empresas perceberam que precisam dominar a capacidade de se reinventar continuamente. As novas tecnologias estão presentes em todos os aspectos de nossas vidas. O empreendedorismo passou a ser uma alternativa de carreira valorizada pelos brasileiros. O investimento de capital de risco se expandiu, mesmo num cenário de incerteza política e econômica. Novos agentes passaram a fazer parte do ecossistema de inovação, como incubadoras, aceleradoras e hubs. **A forma de fazer inovação em empresas estabelecidas evoluiu. A ideia original de uma estrutura central de pesquisa e desenvolvimento foi ampliada para incluir iniciativas de inovação aberta, relacionamento com startups, *sprints*, intraempreendedorismo, *innovation labs*, programas de aceleração e corporate venture capital.**

As empresas entenderam que não têm todas as respostas dentro de casa. Para se manterem competitivas, é necessário colaborar com o mundo à sua volta. Não dá para fazer tudo sozinho. Henry Chesbrough, professor da Universidade da Califórnia em Berkeley, percebeu isso e deu nome ao fenômeno em artigo publicado na *MIT Sloan Management Review*, em 2003. Segundo Chesbrough, as empresas podem reduzir os riscos, acessar novos conhecimentos e acelerar o *time-to-market* (TTM) de novas soluções, em parceria com universidades, centros de pesquisas, clientes, fornecedores e até com concorrentes. Surgia com isso o conceito de Inovação Aberta.

A expansão do volume e qualidade das startups no ecossistema nacional transformou o relacionamento entre corporações e startups numa das principais práticas de inovação aberta no Brasil. Atualmente, um conjunto de quase 20 mil startups habita o ecossistema. Por outro lado, mais de 4.500 empresas estabelecidas têm relacionamento com startups por meio de programas de aceleração, contratação, parceria e investimento. No Brasil, inovação aberta virou sinônimo de conexão entre empresas estabelecidas e startups.

Esse cenário criou oportunidades incríveis para ambas as partes. Diversos estudos, análises e frameworks foram elaborados com objetivo de justificar e organizar esse relacionamento. Os casos de sucesso, contudo, são menos frequentes. Dados fornecidos pela *500 Startups* sinalizam que mais da metade das empresas tem baixo desempenho na transformação desses relacionamentos em negócios. Apenas 7% das empresas convertem mais de 50% dos projetos-piloto em resultados.

Simbiose Corporativa foi escrito com o objetivo de compartilhar as melhores práticas de inovação aberta com startups e valorizar os empreendedores e intraempreendedores de sucesso. Se quisermos colocar a inovação na pauta estratégica das empresas, precisamos reconhecer os protagonistas que deram sua vida por isso e aprender com seus feitos.

Este livro é produto de nossos mais de quinze anos de atuação com as maiores e mais inovadoras empresas brasileiras. Seu título evidencia nossa crença de que duas espécies distintas podem estabelecer relações harmônicas e de longo prazo. Os aprendizados aqui codificados reúnem as experiências de mais de oitenta programas de inovação aberta realizados em setores distintos, como os de finanças, papel, petroquímico, imobiliário, benefícios, varejo, farmacêutico, saúde, agro, alimentos, energia, saneamento, óleo e gás, evidenciando uma enorme amplitude de contextos de aplicação da inovação aberta com startups.

As experiências relatadas envolvem casos de contratação, aceleração e parceria de grandes empresas com startups de áreas como *foodtech*, *martech*, *fintech*, *edtech*, *logtech*, *biotech*, *cleantech*, *lawtech*, *healthtech*, entre outras. Os casos apresentados são produto de um método específico de identificação das necessidades corporativas, busca e seleção das startups, e também de desenho, execução e avaliação de projetos-piloto. Utilizamos o método em questão em mais de 550 desses projetos.

A realização deste livro só foi possível graças às áreas de inovação de nossos clientes que coordenaram os programas, aos sponsors, às equipes das empresas estabelecidas, aos fundadores e às equipes das startups que participaram dos projetos.

A inovação corporativa pode ser vista como uma escalada ao Monte Everest. Trata-se de um trabalho em equipe, que leva tempo, e do qual você não tem completa visibilidade de todos os passos quando inicia a jornada. A escalada ao Everest demanda meses de preparação para alcançar apenas quinze minutos de permanência no topo da montanha mais alta do planeta Terra. É muito tempo de trabalho árduo, na sombra, e pouco tempo sob os holofotes. É assim também na inovação corporativa.

Simbiose Corporativa é a oportunidade de dar visibilidade a esse conjunto de desbravadores da inovação que têm apoiado a transformação corporativa brasileira por meio da inovação aberta com startups e capacitado os futuros líderes a aplicarem com eficácia as práticas de sucesso para esse tipo de iniciativa. Por essa razão, o livro foca a inovação aberta de grandes empresas com startups a partir da ótica da corporação. O livro foi escrito para apoiar três públicos na gestão da inovação:

1. Os **Líderes de Inovação**, que precisam articular o apoio interno da alta gestão, mobilizar áreas de negócios, estabelecer relacionamentos com o ecossistema e transformar oportunidades em resultados.
2. A **Alta Gestão**, que patrocina, aloca recursos e apoia a execução de iniciativas de inovação aberta com startups.

3. Os **Líderes de áreas de negócios, corporativas e *back office*** e seus times. A inovação corporativa depende desses integrantes que fazem o dia a dia acontecer.

Para atingir o objetivo de instrumentalizar os públicos sobre o tema, o livro está dividido em quatro partes. A Primeira Parte aborda fundamentos que estabelecem as bases para o relacionamento entre grandes empresas e startups. A Segunda Parte detalha o processo de inovação aberta com startups, a partir das experiências da Innoscience, que tem trabalhado com vinte das mais inovadoras empresas brasileiras. A Terceira Parte apresenta casos de grandes empresas e suas estratégias, modelos e alguns resultados com a inovação aberta com startups. A Quarta Parte traz nossa metodologia de inovação aberta.

Na Primeira Parte, dedicada aos fundamentos, iniciamos demonstrando que existem diversos modelos de inovação — entre eles a inovação aberta com startups —, mas que a escolha da melhor alternativa depende da estratégia de cada empresa. Em seguida, exploramos a origem, os benefícios e as práticas de inovação aberta. Após apresentarmos essa abordagem, optamos por destacar formatos de relacionamento com startups, dedicando especial atenção às alternativas de parceria e aos caminhos para o corporate venture capital. Por fim, compartilhamos a visão das startups sobre esse relacionamento, os riscos e benefícios, e o papel do erro na inovação.

Na Segunda Parte, abordamos o método consolidado pela Innoscience e as oito etapas do passo a passo da inovação aberta com startups. Começamos com a definição da estratégia e a preparação da organização para esse tipo de iniciativa. A partir disso, detalhamos as abordagens de *scouting* e filtro. Em seguida, dissecamos o desenho, gestão e avaliação de resultados de projetos-piloto. No final, apresentamos os riscos e os procedimentos para fazer o rollout e a captura de resultados dos projetos.

A Terceira Parte apresenta casos de grandes empresas reconhecidas por sua capacidade inovadora e, mais especificamente, por suas iniciativas de inovação aberta com startups. Em cada caso, são detalhadas as estratégias, os modelos e os resultados alcançados. Estabelece-se, assim, uma conexão perfeita entre os fundamentos e o processo apresentado, com a prática de grandes empresas. Nosso objetivo é que os casos propiciem o aprendizado e a inspiração necessários para apoiar os inovadores corporativos a executarem iniciativas adequadas às suas realidades.

Na Quarta Parte, abrimos nossa metodologia de inovação aberta com startups, por meio de frameworks, templates e modelos. Esses frameworks são produto da aplicação dos fundamentos e processos nos casos de grandes empresas que compartilhamos aqui. Esperamos que esse toolkit torne a aplicação da metodologia ainda mais efetiva.

Boa leitura!

— Maximiliano Carlomagno e Felipe Ost Scherer

INTRODUÇÃO

O estudo das relações ecológicas analisa as interações entre diferentes organismos no mesmo ambiente. Um exemplo é o peixe-piloto, que segue tubarões e se alimenta dos restos de suas refeições. Outro exemplo são as formigas em uma colônia. Nem todas as relações são positivas ou harmônicas. Uma parte delas ocorre entre organismos da mesma espécie, como no caso das formigas, e outra parte entre espécies distintas, como no caso do peixe-piloto.

Uma espécie pode estabelecer uma relação duradoura com outra e ambas se beneficiarem dessa interação. Nesse caso, diz-se que as relações são simbióticas. As relações simbióticas são interações estreitas e de longo prazo entre duas ou mais espécies diferentes. Na simbiose, os organismos vivem juntos, muitas vezes em contato físico direto, e pelo menos um deles se beneficia dessa associação.

Ainda que existam três tipos principais de simbiose, cada uma com suas próprias características, usamos em *Simbiose Corporativa* a visão associada ao mutualismo, na qual ambas as espécies se beneficiam da relação. Um exemplo clássico é a relação entre as abelhas e as flores. As abelhas coletam néctar e pólen das flores para se alimentarem, e, enquanto isso, ajudam a polinizar as flores, permitindo que elas se reproduzam.

No ambiente corporativo, as relações entre diferentes espécies, corporações e startups, podem ser harmônicas (comensalismo ou mutualismo) ou desarmônicas (predação, parasitismo, amensalismo ou competição). No entanto, uma espécie não pretende se transformar na outra, pois isso é biologicamente pouco provável. O peixe-piloto não quer virar tubarão ou vice-versa.

Voltando ao contexto empresarial, no dia 20 de junho de 2016, o então CEO da Vivo manifestou o objetivo de transformar a gigante de telefonia numa startup. Acabou deixando a presidência da empresa em dezembro daquele ano. Mais recentemente, outro CEO da empresa foi capa de revista com o título: "Como transformar sua empresa numa startup".

A Vivo é uma empresa com desempenho altamente positivo. Teve um papel central na renovação da indústria de telefonia brasileira pós-privatização. A empresa é uma referência em pagamento de dividendos para seus acionistas. Faz parte do grupo Telefônica, que tem uma atuação global marcante e uma jornada de corporate venturing bastante consistente, por meio de diferentes estruturas. Alguns anos atrás, a Vivo adquiriu a GVT, uma empresa inovadora no setor de telefonia.

No entanto, passados vários anos, a Vivo ainda parece ter a mesma ambição de virar uma startup. Esse sinal pode indicar duas coisas: ou a jornada original não foi bem-sucedida ou esse não é o caminho a ser seguido. Nossa hipótese é que grandes empresas podem trabalhar com startups e, em determinados projetos, como startups, mas uma grande empresa não deve se transformar numa startup.

Existe uma perigosa disseminação da prescrição de que grandes empresas devem "virar startup". Uma coisa é contratar, fazer parceria, investir ou adquirir startups como tem feito a Telefônica e mais de 4.500 empresas brasileiras, segundo levantamento da *100 Open Startups*. Outra coisa, é uma grande empresa querer virar startup, uma espécie de Benjamin Button gerencial. Essa ideia é mais um *slogan* para comunicar uma visão do que uma prescrição gerencial recomendável.

É importante lembrar que startup é uma fase na vida de uma empresa, e não um tipo de empresa. Integrando a visão de Steve Blank e Eric Ries, principais difusores da metodologia *Lean Startup* — ou startup enxuta — podemos entender que uma startup é um momento em uma organização, no qual ela enfrenta alto nível de incerteza ao desenvolver um novo produto ou serviço, buscando um modelo de negócios que lhe permita crescer de forma escalável. É possível classificar a jornada startup, utilizando um modelo como o adotado pelo IBGC que estabelece quatro fases: ideação, validação, tração e escala.

A ambição da startup é virar uma grande empresa, mas o inverso é estruturalmente ineficaz. Diferentemente das startups, grandes empresas não lidam com alta incerteza em todas as suas funções o tempo todo. As empresas estabelecidas não são compostas apenas por projetos de inovação. Da mesma forma, não consistem em apenas um único projeto, como ocorre com uma startup. Uma empresa como a Vivo é formada por uma quantidade interminável de projetos, além de uma operação existente que requer eficiência, controle e previsibilidade.

A incorporação da filosofia startup em toda a operação de uma grande empresa estabelecida pode ser comparada ao uso de um remédio eficaz numa patologia errada. Isso ocorre porque uma parcela relevante da empresa não tem as características em que a abordagem startup apresenta melhor performance. Além disso, essa estratégia pode resultar na perda de eficiência em operações previsíveis.

A solução para inovar mais e melhor nas corporações não passa por se transformar em startup. Usar essa abordagem para projetos de novos negócios que enfrentem alta incerteza tecnológica e mercadológica é um caminho que pode fazer sentido. Entretanto, uma alternativa mais eficaz e amplamente aplicável é trabalhar com startups, utilizando seus produtos, serviços e modelos de negócios inovadores para fortalecer o negócio existente, explorar adjacências ou estabelecer parcerias com elas.

As grandes empresas precisam discernir quando cada abordagem é mais adequada e ajudar seus times a compreenderem as especificidades da aplicação correta em cada realidade. O estabelecimento de uma relação harmônica entre grandes empresas e startups pode ser um caminho interessante para beneficiar ambas as espécies.

MÉTODO

A jornada de desenvolvimento da abordagem apresentada neste livro tem início em 2015, com a elaboração da primeira versão da metodologia de inovação aberta com startups da Innoscience. Entre 2006 e 2014 realizamos projetos de inovação aberta para grandes empresas com clientes, parceiros, fornecedores e universidades. No entanto, em 2015 a Coca-Cola do Brasil nos convidou para a criação do programa Abra Ideias, uma plataforma na qual a empresa apresentava desafios de negócios para empreendedores, pesquisadores, inventores e experts.

Essa iniciativa, somada aos movimentos do ecossistema de startups brasileiro à época, nos permitiu elaborar a primeira versão do passo a passo que hoje apresentamos neste livro. Um cliente teve um papel importante nessa jornada. A Banricoop, cooperativa de crédito pioneira no Brasil e reconhecida por sua capacidade inovadora, nos permitiu validar e refinar esse passo a passo com fintechs brasileiras. Depois de seis meses de execução de projetos, a taxa de conversão de pilotos em negócios foi bastante positiva e, a partir daí, ficou evidente a utilidade da abordagem e das ferramentas especificas para as fases de piloto e rollout.

Ao longo dos últimos anos, incorporamos o que há de melhor em conhecimentos científicos produzidos sobre programas de aceleração corporativa, venture client, incubação e supplier programs, diferentes denominações utilizadas para iniciativas de inovação aberta com startups.

Os aprendizados deste livro são produto de mais de cem programas de inovação aberta com startups realizados em empresas como Alelo, Alphaville Urbanismo, Ambev, Banricoop, Belgo Bekaert, Boston

Scientific, Braskem, British American Tobacco, Cassol Centerlar, Cervejaria Quilmes, Coca-Cola, Danone, Dasa, Dexco, Eletrobrás, Energisa, Engebanc, Equinor, Eurofarma, GSK, Grupo Águas do Brasil, Hypera Pharma, Ingredion, Kimberly-Clark, Klabin, Liberty Seguros, Libbs, Linha Uni, M. Dias Branco, Moove, MSD, Nestlé, Núclea, Ocyan, Panvel, Promon, Roche, Scania, Sicredi, Softys, Solar, Tegma, Total Express, Trisul, Unicred Premium, Unimed VTRP, Vale, entre outras. Nesses programas, desenhamos pouco mais de 550 projetos-piloto envolvendo essas grandes empresas e startups brasileiras, latino-americanas, norte-americanas e europeias.

Cinco desses casos são aqui analisados detalhadamente. As empresas Moove, Ocyan, Grupo Panvel, SLC Agrícola e Unimed VTRP foram objeto de estudo de caso específico a partir de entrevistas aprofundadas com as lideranças responsáveis pelas iniciativas de inovação aberta. As entrevistas foram conduzidas com base em um roteiro semiestruturado de perguntas abertas, elaborado a partir da experiência dos autores e das melhores teorias disponíveis sobre o tema.

FUNDAMENTOS DA INOVAÇÃO ABERTA COM STARTUPS

PARTE 1

CAPÍTULO 1

A ESTRATÉGIA DE INOVAÇÃO DEFINE O MODELO

Uma ampla gama de pesquisas sobre inovação corporativa foi realizada para testar se existe uma relação direta entre o volume de investimentos e a capacidade inovadora das empresas. Invariavelmente, os resultados apontaram para a inexistência de uma correlação forte entre essas duas variáveis. Na prática, significa que se você dobrar o orçamento de inovação não há garantias que sua empresa será duas vezes mais inovadora. Essas mesmas pesquisas sinalizaram que o desempenho superior dos inovadores está na capacidade de melhor gerenciar o processo de inovação.

Esse achado abre espaço para que empresas de diferentes portes e setores apostem na inovação. Até alguns anos atrás, a palavra inovação estava restrita a negócios de alta tecnologia, especialmente para mercados dinâmicos como, por exemplo, o de tecnologia da informação ou aeroespacial. Essa situação vem se transformando rapidamente nos últimos anos. Setores tradicionais como siderurgia, calçados, têxtil, agro, saneamento, construção civil e até mesmo o setor público estão buscando estruturar sua abordagem em relação à inovação.

Não existe uma única forma de gerenciar a inovação

Quando iniciamos a Innoscience, em 2006, era raro encontrar gestores que conhecessem as metodologias e ferramentas de gestão da inovação. Havia necessidade de sensibilizar os líderes sobre a importância da inovação para os negócios e, sobretudo, apresentar a inovação como um processo gerenciado.

Passado esse tempo, é perceptível a evolução do entendimento sobre o tema. Segundo pesquisa da consultoria McKinsey, a inovação é uma das três prioridades para mais de 80% dos altos executivos de grandes empresas. Metodologias como *Design Thinking*, *Lean Startup* e métodos ágeis estão bastante difundidas em grandes empresas.

Os desafios da inovação corporativa

Por um lado, a importância da inovação se consolidou. Por outro, segue sendo um desafio inovar de forma consistente. Segundo dados da mesma McKinsey, 94% dos executivos se encontram insatisfeitos com sua capacidade de extrair valor da inovação. Fazer algo inovador não é fácil. De acordo com a pesquisa publicada em 2013 na Harvard Business Review da professora Beth Altringer, ex-líder do *Design Lab* de Harvard, sobre modelos de inovação em empresas globais de diversos setores, os projetos de inovação falham entre 70% e 90% das vezes.

Compreender as causas desse baixo desempenho e identificar os remédios mais adequados para cada patologia é fundamental. Tendo vivenciado essa realidade diversas vezes, consolidamos nossa visão sobre o mecanismo causal da baixa taxa de sucesso da inovação: um conjunto de escolhas incoerentes entre estratégia, modelo e cultura de inovação.

O baixo desempenho ocorre quando a empresa estabelece uma estratégia de inovação desalinhada com a estratégia de negócios. Ao não ter uma estratégia de inovação clara, a empresa escolhe o modelo de inovação inadequado para sua ambição. Por outro lado, mesmo quando escolhe o modelo adequado, flexibiliza a alocação dos recursos compatíveis para uma execução eficaz.

Quando a empresa não sabe qual é a estratégia de inovação, nenhum modelo funciona. Quem escolhe o modelo antes da estratégia atua como o médico que recomenda o medicamento antes do diagnóstico. Para definir o melhor modelo, a empresa precisa de uma estratégia de inovação que defina prioridades. Entender os modelos de inovação disponíveis permite identificar quais são os mais adequados para cada estratégia e quais os recursos necessários para cada alternativa.

Um conjunto de modelos de inovação

A inovação é o mecanismo que as empresas têm para se colocarem à frente de seus competidores no mercado. No entanto, a forma de inovar tem evoluído ao longo do tempo. A inovação corporativa tem se desenvolvido em ondas desde o trabalho de Joseph Schumpeter, economista austríaco reconhecido por ter colocado o papel da inovação e do empreendedorismo na pauta do ambiente de negócios.

Uma primeira onda foi marcada pela figura do gênio inventor e pelo ímpeto empreendedor de nomes emblemáticos como os de Thomas Edison, na General Electric, Henry Ford, na Ford Motor Company, e Alfred Sloan, na General Motors. A segunda onda foi marcada pela estruturação de grandes centros de Pesquisa e Desenvolvimento (P&D), como o PARC da Xerox e o Bell Labs da AT&T. A terceira onda difundiu a ideia do intraempreendedorismo e a valorização da inovação democrática e descentralizada, simbolizado por empresas como a 3M. Em 2003, emergiu uma nova visão: a inovação aberta, introduzida pelo trabalho do professor Henry Chesbrough.

Cada onda trouxe à tona novos modelos de inovação, que podemos definir como formas estruturadas de transformar novas ideias em resultados, ou ainda, mecanismos organizados para gerar, testar e executar um *pipeline* de projetos de inovação. Ao longo dos anos, os modelos evoluíram. Atualmente, os líderes de inovação das empresas têm à disposição diversas novas formas de inovar, além de alguns velhos remédios apresentados em novas embalagens.

É possível diferenciar os modelos mediante três fatores:

a) horizonte de crescimento: *core* (H1), adjacências (H2) e transformacional (H3);

b) tipo de inovação: incremental ou disruptiva;

c) agentes envolvidos, inovação fechada ou aberta.

Selecionamos cinco modelos de inovação adotados por empresas brasileiras para detalhar o funcionamento, contexto de aplicação e pré-requisitos para cada um deles. Não se trata de uma lista exaustiva, nem se pretende ranquear frequência ou efetividade de adoção. No entanto, apresentamos uma variedade de modelos para cumprir distintas estratégias de inovação.

Programa de ideias

O modelo remonta às caixas de sugestões, agora turbinadas por tecnologias de colaboração, adequado para inovações incrementais quando as pessoas que enfrentam os problemas têm condições de resolvê-los. O envolvimento dos intraempreendedores ocorre de maneira part-time, ao longo de um processo de três a seis meses, podendo ocorrer em formato de campanha ou contínuo. Os programas de ideias exigem uma definição clara de papéis entre aqueles que as submetem e os que vão executá-las. O maior desafio desse modelo está na execução dos projetos e não na ideação. É fundamental pensar em mecanismos de incentivos adequados à cultura da empresa.

O IntraLab, programa de ideias da Ocyan, apoia times internos a desenvolverem ideias relacionadas a temas estratégicos de interesse da empresa. A Aché Laboratórios Farmacêuticos, empresa reconhecidamente inovadora, tem um programa de sucesso desse tipo denominado Academia de Inovação. O Grupo Panvel consolidou sua iniciativa de envolvimento dos colaboradores e desenvolvimento de projetos internos com o PanvelOn.

Além de um portfólio de projetos para H1, os programas de ideias impactam positivamente na cultura de inovação, embora, não sejam os veículos mais efetivos para a criação de negócios.

Design Sprints

O modelo, popularizado pela Google Ventures, trata da formação de um time que, em caráter imersivo, se dedica por uma semana a resolver determinado problema ou a criar uma solução para uma oportunidade. É um modelo flexível que pode ser utilizado para problemas de H1, assim como oportunidades de H2 e H3. O ponto de partida do *sprint* é um tema relevante para a empresa e seus clientes. A semana é organizada em função do processo de inovação, entendimento do problema, e validação. O modelo resolve um dos maiores desafios do intraempreendedorismo, que é a falta de tempo dedicado das pessoas.

A Moove, empresa de lubrificantes da Cosan, reuniu um time interno de oito pessoas, juntamente com sete *experts* e *makers* convidados, e dedicou mil horas de trabalho, ao longo de uma semana, para criar uma solução que foi posteriormente levada ao mercado.

É incrível o que um grupo de pessoas com propósito, dedicação exclusiva e senso de urgência pode fazer. O segredo do modelo é a formação do time.

Inovação aberta com startups

O modelo inclui formatos de aceleração, contratação e parceria entre empresas estabelecidas e startups. Normalmente é estruturado em *batches* por meio de desafios com duração de seis a oito meses. Esse tipo de modelo tem uma fase de definição de áreas de interesse — também chamada de desafio — seguido por um período de inscrições, uma etapa de filtro e outra de desenho de projeto-piloto a ser executado. Ao término dos pilotos, são selecionados os melhores projetos para rollout. É um modelo efetivo para que as empresas tenham acesso a novas soluções e para as startups que queiram melhorar produtos, ganhar clientes e ter acesso a ativos das corporações.

A conexão com as startups requer a preparação interna daqueles que trabalharão com elas e das áreas de back office que formalizarão a relação. A SLC Agrícola, líder na produção de grãos e fibras, opera o programa AgroX, que nos últimos cinco anos contratou e fez parceria com *agtechs*, obtendo resultados consistentes. A Unimed VTRP, operadora de saúde destaque no sistema Unimed, vem trabalhando de forma contínua com startups por meio de cinco edições do seu programa InnovatiOn, com excelentes resultados. A interação com startups também impacta positivamente na cultura dos profissionais da empresa. É uma alternativa eficaz para inovações de H1 e H2.

Innovation labs

O modelo é uma releitura dos antigos centros de P&D, com foco em desenvolver novos modelos de negócio e soluções digitais. Consiste numa estrutura separada, com profissionais alocados *full-time*, que faz a identificação de oportunidades, prototipação e execução em larga escala de projetos de novas adjacências (H2) e novos negócios (H3). Já o Luiza Labs, da Magalu, que apoia a transformação digital e a ampliação de portfólio da empresa, é uma referência do tema no Brasil.

Os *Labs* podem integrar diversos parceiros externos para potencializar a inovação e demandam um montante maior de recursos do que programas de ideias e *sprints*. Esse modelo ganhou tração, estimulado pela noção de que é necessário separar a inovação disruptiva do *core business*. O desafio do *Labs* é ter clareza de seu mandato, permanecendo distante o suficiente para explorar oportunidades além do dia a dia das unidades de negócios, e perto o bastante para ter acesso aos recursos da empresa. Não são raros os *Labs* que ficam órfãos de atenção gerencial e recursos ao perderem alinhamento com a estratégia.

Corporate venture capital

O CVC é um modelo com aplicação crescente no Brasil, envolvendo o investimento de capital de risco com objetivos estratégicos e financeiros de empresas estabelecidas em startups. No mundo, o CVC representa 25% dos aportes de venture capital. É um modelo adequado para explorar inovações disruptivas de H2 e H3, permitindo opções ofensivas de acesso a novos produtos e mercados, assim como movimentos defensivos contra disrupções.

O Hospital Israelita Albert Einstein investe em startups para ampliar suas áreas de atuação, enquanto a Dexco, antiga Duratex, estruturou um CVC e tem feito negócios com startups da cadeia de construção civil. A estruturação de um CVC é um compromisso de longo prazo. Fundos de capital de risco tradicionais têm entre cinco e sete anos de maturação. Esse modelo exige a definição clara de uma tese de investimentos e a montagem de um time que conheça o ecossistema, saiba fazer *deals* e mantenha um relacionamento profundo com a alta gestão para garantir o acesso aos ativos da empresa e potencializar a startup. É um dos modelos mais sofisticados na jornada.

Um remédio para cada patologia

A inovação corporativa é um meio para atingir objetivos de negócios. Cada modelo de inovação funciona melhor para determinadas estratégias. A escolha de um modelo de inovação é como a prescrição de um medicamento: funciona para circunstâncias específicas e não se aplica a outras.

Não há uma forma única de fazer inovação, assim como não existe apenas um remédio para todas as patologias. As empresas mais inovadoras combinam diferentes modelos de inovação para entregar resultados de negócio. Entender as alternativas disponíveis e os contextos de aplicação aumenta as chances de sucesso.

A melhor forma de aumentar a taxa de sucesso da inovação é compatibilizar a escolha dos modelos mais adequados com a estratégia de inovação delineada, lembrando-nos das palavras de Paracelso, médico e físico suíço do século XVI: "A diferença entre o remédio e o veneno está na dose."

Agora que você já tem uma visão geral dos modelos de inovação e de sua capacidade de apoiar as empresas na execução das estratégias para tal fim, vamos aprofundar o entendimento dos mecanismos, processos e melhores práticas de um desses modelos: a inovação aberta com startups. O primeiro passo é compreender a origem, os benefícios e os principais formatos de inovação aberta com startups.

CAPÍTULO 2

A INOVAÇÃO ABERTA COMO VEÍCULO DE INOVAÇÃO CORPORATIVA

O esporte imita a vida. Várias são as lições do esporte para nosso dia a dia e, mais especificamente, para o contexto de negócios. O Athletic Club Bilbao, por exemplo, é um clube de futebol espanhol da cidade de Bilbao. O clube é um símbolo da identidade basca por não permitir que atletas não nascidos, não desenvolvidos no País Basco ou que não tenham ascendência basca possam vestir sua camisa.

A escolha estratégica do Athletic Bilbao de renunciar a talentos externos se parece com a decisão de determinadas empresas sobre como gerenciar seus processos de inovação. Será que um time pode abdicar de competências e habilidades externas se quiser ganhar os principais campeonatos?

O surgimento da inovação aberta

Em artigo de 2003 publicado na *MIT Sloan Management Review*, o professor Henry Chesbrough apresentou o termo *Open Innovation* para ilustrar como uma empresa menor — no caso a Cisco — suplantou uma gigante como a Lucent. Enquanto a Lucent se valia da estrutura dos Bell Labs, herdados da cisão com a AT&T, a Cisco se alavancava no relacionamento com startups externas para ter acesso a novos conhecimentos, acelerar o *time-to-market* e compartilhar riscos no desenvolvimento de novas soluções. Casos como esse não são exclusividade de empresas de tecnologia. Em diversos outros setores, como o farmacêutico, financeiro, de óleo e gás, energia, construção civil, alimentos, entretenimento, mídia, há empresas buscando potencializar sua capacidade competitiva por meio da inovação aberta.

Inovação fechada e inovação aberta

No modelo de inovação fechada, a empresa aposta na estratégia de inventar, desenvolver e comercializar suas próprias ideias usando recursos internos. No modelo de inovação aberta a empresa comercializa suas próprias ideias e as de terceiros, utilizando conhecimentos e recursos externos para potencializar suas soluções. Segundo a visão mais atualizada de Chesbrough, de 2013, "*inovação aberta é um processo de inovação distribuído, baseado na gestão intencional dos fluxos de conhecimento além das fronteiras da empresa, utilizando mecanismos financeiros e não financeiros alinhados com o modelo de negócios da organização*".

Benefícios da inovação aberta

Os principais benefícios da inovação aberta envolvem a capacidade de acessar recursos além daqueles que a empresa domina. Com isso, acelera-se o tempo de desenvolvimento e a execução dos projetos e compartilham-se os riscos das iniciativas de inovação.

A inovação aberta é uma forma de acessar recursos que a empresa não tem. Esses recursos podem ser os conhecimentos técnicos de um pesquisador vinculado a uma universidade ou tecnologias diferenciadas de uma startup a ser conectada ao seu produto, como um serviço digital. A inovação aberta amplia a base de conhecimentos da empresa para além de suas fronteiras. Ela redefine os limites da empresa e permite que a organização se alavanque em habilidades e conhecimentos de agentes externos. As tecnologias de comunicação, transação e gestão reduziram o custo desse tipo de acesso e permitem que a empresa faça esse tipo de movimento em escala.

A inovação aberta também é uma forma de ganhar velocidade. Quando uma empresa incorpora a tecnologia de outra empresa para o desenvolvimento de seu produto é como se pegasse um atalho. Em vez de iniciar uma maratona na linha de largada, ela a inicia a partir do vigésimo quilômetro. Isso se traduz em maior velocidade de desenvolvimento e comercialização da solução, o que impacta diretamente no resultado financeiro ao antecipar os fluxos de caixa futuros.

A inovação aberta é uma forma de compartilhar riscos. Projetos de inovação enfrentam alto nível de incerteza. Empresas são formadas por pessoas que têm o que Daniel Kahneman denominou aversão à perda — nossa tendência a preferir evitar perdas a buscar ganhos. À medida que uma empresa incorpora outros agentes no processo de invenção, desenvolvimento ou comercialização, ela compartilha com estes os riscos dessa iniciativa. Isso faz com que ela consiga fazer mais projetos e assumir um menor nível de risco.

Práticas de Inovação Aberta

Nos últimos cinco anos, com o *boom* do ecossistema de startups, tem havido uma tendência de interpretar a inovação aberta como sinônimo de relacionamento com startups. Não é. A inovação aberta se manifesta de diversas formas: pode ser por meio da cocriação com clientes, parcerias com fornecedores, relacionamentos com universidades, consórcios de pesquisa entre empresas concorrentes, Corporate venture capital, licenciamento de tecnologias ou *spinoffs*. Essas manifestações são também chamadas de práticas.

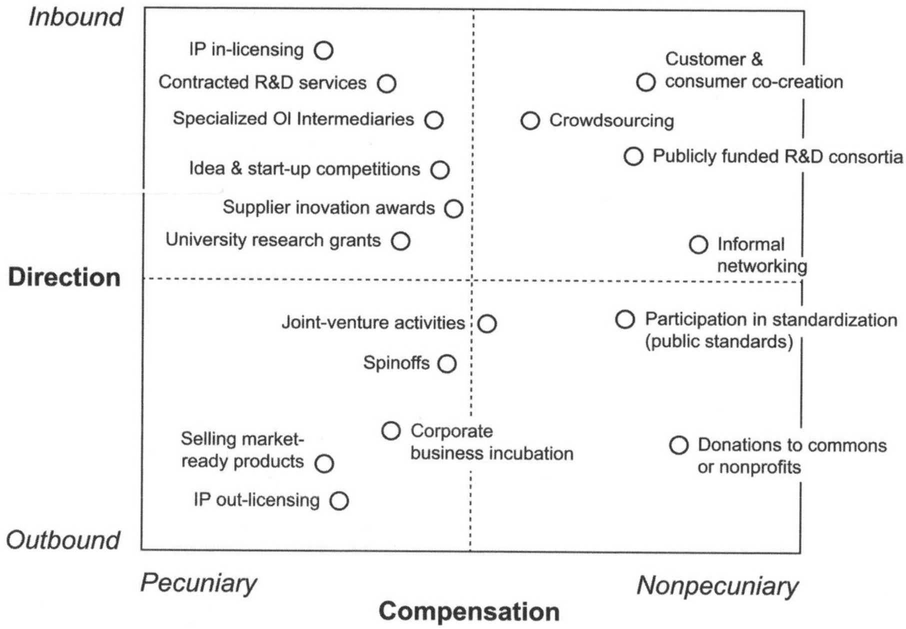

Figura 1 — Classificação dos modelos de Inovação Aberta — *Managing Open Innovation in Large Firms* (Chesbrough e Brunswicker, 2013).

Inovação aberta com startups

No entanto, uma das práticas mais frequentes de inovação aberta — e o foco deste livro — é o relacionamento de grandes empresas com startups. A Ambev, uma das maiores empresas brasileiras e considerada a melhor empresa no relacionamento com startups no Brasil, realizou mais de 350 negócios com startups em um único ano, desde a simples contratação de um projeto-piloto até uma aquisição.

Esse perfil de atuação não está limitado a empresas gigantes. Segundo dados da *100 Open Startups* há mais de 4.500 empresas estabelecendo relacionamentos com startups no Brasil, seja uma indústria de alimentos que contrata a solução de automação de linha de produção de uma startup que utiliza IoT e inteligência artificial ou um laboratório farmacêutico que faz uma parceria com uma startup que desenvolve uma plataforma digital de aderência a medicamentos crônicos via celular.

Essa prática se expandiu, na nossa avaliação, em função de três circunstâncias:

i. **Crescimento do volume e qualidade das startups nacionais:** são mais de 15 mil startups de diversos tipos e estágios de maturidade no ecossistema brasileiro.

ii. **Consolidação do entendimento das ameaças e oportunidades da transformação digital**: existem mais de 240 milhões de smartphones no Brasil e foram aplicados bilhões em capital de risco.

iii. **Codificação de um conjunto de formatos de relacionamento com alinhamento de interesses entre as partes**: práticas de *Design Thinking*, *Lean Startup* e *Open Innovation* têm sido disseminadas em universidades, escolas de negócios e cursos online.

Sobre os formatos de relacionamento entre corporações e startups, há diferentes categorizações disponíveis. Pesquisamos as melhores referências globais sobre o tema e, a partir de dezenas de programas de inovação aberta com grandes empresas brasileiras, categorizamos os 6 tipos mais frequentes: eventos, incubação, aceleração, contratação, parceria e investimentos.

1. **Eventos**: são iniciativas de aproximação e desenvolvimento de soluções por parte de empreendedores para problemas específicos de corporações. A Farmacêutica Roche desenvolveu uma iniciativa denominada Portas Abertas, por meio da qual identificou, ativamente, startups alinhadas a um de seus desafios de negócio para que fizessem pitches para a gestão da empresa, no sentido de detectar potenciais oportunidades de contratação de serviços, parcerias ou investimentos.

2. **Incubação**: trata-se do oferecimento de serviços de suporte e espaço físico para os primeiros passos da startup. O Google estruturou um campus em São Paulo, onde oferece espaço de coworking para empreendedores e startups. Lá também ocorre o desenvolvimento de determinados programas de aceleração do Google, bem como atividades de capacitação.

3. **Aceleração**: refere-se a programas de aporte de capacitação e mentoria, podendo ou não envolver investimento de capital em troca de equity, para um grupo de startups. A Braskem desenvolveu, há alguns anos, os

Braskem Labs, recentemente rebatizados de Oxygea Labs. Trata-se de um programa de seleção e aceleração de startups, com impacto social, relacionadas à química e ao plástico. A Oxygea procura os alvos e depois fornece um conjunto de serviços de mentoria, capacitação e capital para as startups crescerem. Ao final do programa, a Oxygea pode fazer um novo aporte em troca de participação na startup. A Unimed VTRP criou a aceleradora de startups Vibee, que já impulsionou mais de cinquenta startups do setor da saúde. Ao longo dessa jornada, o Vibee vem proporcionando impacto no ecossistema de inovação e na reputação corporativa, com aprendizados para os empreendedores e ganhos para todos os envolvidos.

4. **Contratação de Serviços**: são programas de conexão que permitem à startup realizar pilotos para ter a corporação como cliente. A Dexco, empresa líder nacional em painéis de madeira, louças sanitárias e pisos cerâmicos, tem o programa Open Dexco, para apresentar problemas e oportunidades para o ecossistema de startups. As melhores startups executam projetos-piloto e podem ser contratadas como fornecedores da gigante. A Alelo, empresa líder do setor de benefícios e incentivos, utiliza o LAB Conexão Startup para identificar e realizar POCs com startups.

5. **Parcerias**: são iniciativas de desenvolvimento conjunto de soluções para um determinado tema ou problema, em diferentes formatos jurídicos. A Moove tem um programa denominado Moove Solutions Lab, que faz parcerias de codesenvolvimento com startups que tenham soluções com aderência a seus temas de interesse. A Ambev executa o programa Além, no qual se relaciona com startups mais maduras para a cocriação de novos negócios.

6. **Corporate venture capital (CVC)**: é o investimento de capital de empresa ou de um fundo separado, com vistas à criação de negócios visando retorno financeiro ou estratégico. A EDP, empresa portuguesa de energia com operações no Brasil, tem uma iniciativa denominada EDP Ventures pela qual realiza investimentos em startups de forma

sistemática. A Telefônica também tem programa com esse foco, sob o guarda-chuva da Wayra.

A inovação aberta é uma alternativa complementar dentro do conjunto de estratégias de inovação das empresas. Os benefícios e práticas aqui detalhados compõem o racional e as alternativas de execução. Uma dessas práticas, o relacionamento com startups, cresce de forma significativa e apresenta diferentes formatos de execução, cada um deles destinado a um objetivo estratégico específico. Há um menu de alternativas, desde formatos menos intensos, baseados em eventos, até os mais sofisticados, focados em investimentos de empresas estabelecidas em equity de startups.

O melhor formato de conexão é aquele que cumpre os seus objetivos estratégicos. Empresas como Ambev, Alelo, SLC Agrícola, Nestlé, Microsoft, Panvel, Porto Seguro, Bradesco, Unimed VTRP e Embraer têm apostado em modelos híbridos que abrangem startups em diferentes estágios para cumprir alguns de seus objetivos de negócios, utilizando-se de mais de uma das alternativas apresentadas. Para vencer o campeonato, não se pode abdicar de recursos externos que possam fazer a diferença.

Quatro modelos de parceria entre empresas estabelecidas e startups

A alergia alimentar de um filho pequeno pode ser um problema maior do que se imagina. Nós dois enfrentamos esse desafio com nossas filhas recém-nascidas. Em uma dessas situações conhecemos a Mandala Comidas Especiais.

A Mandala é uma *foodtech* criada por Adriana Fernandes, publicitária que decidiu empreender com outros dois sócios, buscando desenvolver um negócio que retirasse os principais ingredientes alérgicos de alimentos. Adriana tinha que amamentar Leo, seu filho, que nasceu com alergia alimentar múltipla grave. Na época, era muito difícil encontrar opções de alimentos que não contivessem glúten, leite, ovos, soja ou castanhas, entre outros.

A empresa M. Dias Branco, líder nacional no segmento de massas e biscoitos, conheceu a Mandala durante o Germinar, seu programa de inovação com startups. Durante o pitch, Adriana conquistou a todos com seus produtos. Depois de um período de discussões, as partes desenharam um projeto-piloto para testar um produto da Mandala no canal de varejo de um parceiro da M. Dias Branco. Uma oportunidade única. Você não imagina como é desafiador vender seu produto numa rede de grande porte como Pão de Açúcar ou Carrefour.

A parceria desenhada envolvia a venda do nhoque de mandioquinha sob a marca Mandala, promovido pela M. Dias Branco. Depois de três meses de testes-piloto e ótimos resultados, as empresas decidiram ampliar a parceria.

A relação entre a M. Dias Branco e a Mandala ilustra um modelo no qual a empresa líder oferece o produto com a marca da startup por meio de seu canal de distribuição. Tudo isso, sem a necessidade de criar uma empresa. A M. Dias Branco aproveitou seu canal de distribuição adicionando novos produtos, enquanto a startup teve acesso a novos mercados. Entre os modelos de inovação aberta com startups, a parceria é aquela que abrange uma variedade de alternativas possíveis. Contudo, não existe um formato único de parceria.

O relacionamento entre empresas estabelecidas e startups não se resume a investimentos ou à contratação de produtos e serviços. White label, co-branding, revenue share, e desenvolvimento de novos negócios são algumas das possibilidades de parceria. Que tal conhecer modelos que, como executivo ou empreendedor, possam ser praticados para ampliar as formas de parceria?

i. **White label**: envolve a oferta de uma solução em parceria entre uma empresa estabelecida e uma startup, em que esta última desenvolve o produto ou serviço comercializado sob a marca da empresa estabelecida. A relação, normalmente, é regrada por um acordo de cooperação comercial. A empresa estabelecida oferece com a sua marca o produto da startup, que fica responsável pela execução. O Sicredi, em parceria com a startup Hallo, desenvolveu um marketplace para seus cooperados de todo o Brasil transacionarem por meio de uma plataforma oferecida pela instituição financeira. A solução utilizou a marca Sicredi Conecta e aproveitou toda a tecnologia da Hallo. Há casos inversos nos quais a solução da empresa estabelecida integra o produto da startup. Em um pitch que organizamos recentemente, três das fintechs participantes usavam as soluções White label do BV, antigo Banco Votorantim.

ii. **Co-branding**: envolve a oferta de um produto ou serviço com ambas as marcas assinando a iniciativa. Não requer necessariamente a constituição de uma nova empresa, podendo ser regulada por acordo comercial e contrato de licenciamento. A venda, produção e entrega podem ser feitos por ambos os parceiros ou as responsabilidades podem ser definidas entre as partes. A Ambev, em parceria com a startup Vitamine-se, lançou uma bebida antiestresse chamada Relax. O produto é desenvolvido em conjunto, sendo produzido, envasado e distribuído pela Ambev.

iii. **Revenue share**: envolve a oferta de um produto com a marca da startup por intermédio da rede de distribuição da empresa estabelecida, similar ao caso da Mandala. A grande empresa vende a solução e a startup a entrega. No ambiente de plataformas digitais, essa é uma prática bastante comum. Grandes vendors de tecnologia como Microsoft e SAP plugam soluções de tecnologia de startups em seus marketplaces para aproveitar sua base de clientes e rede de distribuição e, em função disso, existe uma divisão da receita gerada entre as partes. É um modelo que não requer a constituição de uma nova empresa, podendo ser regulado contratualmente. No entanto, pode ser útil para a startup ampliar seu canal de vendas e para a empresa ampliar seu mix de produtos ou serviços. A Randon lançou o serviço Truck Assistência em parceria com a TruckHelp, garantindo serviços 24 horas por dia para o atendimento de caminhões e implementos rodoviários.

iv. **Novos negócios:** envolve a cocriação de uma solução com o objetivo de gerar um novo negócio entre uma empresa estabelecida e uma startup. Pode haver a constituição de uma nova empresa, uma joint venture societária, que terá uma nova marca e os sócios definirão suas participações. Nesse caso, a venda e entrega podem ser feitas por ambos ou ainda por uma nova estrutura a ser criada. Uber e Embraer anunciaram que trabalhariam juntos no EvTol, modelo de "carro voador" apresentado pela EmbraerX — subsidiária da Embraer para negócios disruptivos — em evento nos Estados Unidos sobre soluções para o futuro do transporte.

Os modelos de parceria apresentados têm variações quanto ao tipo de relacionamento entre as partes, uso de marcas, definição de papéis e responsabilidades, além da forma de remuneração. Os aspectos legais condizentes com cada alternativa precisam ser adaptados caso a caso. Questões como propriedade intelectual, exclusividade de uso e opções de investimento também são discutidos. A Mandala, por exemplo, após uma parceria inicial, recebeu investimento da M. Dias Branco, que passou a ser sócia da startup fazendo o primeiro aporte de venture capital da empresa nascida em 1961 no Ceará.

Tabela de Modelos de Parceria

	CO-BRANDING	REVENUE SHARE	NEW BUSINESS	WHITE LABEL
Cria uma empresa?	Não	Não	Sim	Não
Usa a marca da corporação?	Sim	Não	Não	Sim
Usa a marca da Startup?	Sim	Sim	Não	Não
Quem vende?	Ambos	Corporação	Ambos	Corporação
Quem entrega?	Ambos	Startup	Ambos	Startup

Tabela 1 — Modelos de Parceria (Innoscience, 2023).

É importante destacar que os modelos não são mutuamente excludentes. Empresas como a Ambev, recentemente reconhecida como a melhor corporate para relacionamento com startups no Brasil, têm feito contratações, investimentos e parcerias com startups. Casos como as relações com a Menu, a Lemon e a Skore são exemplos dessa apurada estratégia de parcerias.

Não há um modelo único de se fazer parceria com startups. White label, revenue share, co-branding e novos negócios são algumas das alternativas. Para executivos e empreendedores, ampliar a perspectiva sobre as possibilidades de modelos de parceria traz benefícios semelhantes aos que os produtos da Mandala trouxeram para nossas filhas: mais opções para gerar melhores resultados.

Corporate venture capital: cuidado com os modismos

O ecossistema brasileiro de startups está em franca expansão. Os principais indicadores mostram o fortalecimento do mercado de empreendedorismo nacional: volume de startups, investimento de capital de risco e estruturação de novos hubs. Nesse sentido, um sinal interessante merece atenção: o investimento de corporações em startups, também conhecido como corporate venture capital (CVC), que envolve o aporte de capital de uma empresa estabelecida em uma startup, em troca de uma participação minoritária.

Nesse formato de inovação aberta com startups, a corporação entra com capital e outros ativos, recebe participação da startup e tem potenciais ganhos financeiros e estratégicos. Esse movimento adiciona um elo fundamental no ciclo empreendedor, pois garante acesso não apenas ao capital como também aos recursos únicos que as empresas estabelecidas detêm.

Dexco, Panvel, BTG Pactual, SLC Agrícola, Unimed VTRP e Gerdau são apenas algumas das empresas que têm dedicado uma parcela de seus esforços de inovação aberta para atuarem como investidores de risco, com objetivos de ganhos financeiros e estratégicos. O movimento não é novo. Desde 1960, empresas investem em startups como forma de reforçarem negócios existentes ou abrirem opções futuras de novos negócios. A revolução digital, contudo, ampliou a escala tanto da oferta de novas oportunidades de investimento quanto da demanda por essas soluções por parte de potenciais investidores.

Essa tendência não está limitada ao setor de tecnologia. Empresas de setores tradicionais, de baixa intensidade tecnológica, têm feito movimentos desse tipo, receosas da disrupção ou ambiciosas pelas novas possibilidades. Em função do incremento do interesse por essa estratégia de inovação, faz sentido compartilhar cinco aspectos críticos para quem pretende fazer CVC com alguma chance de sucesso.

Alinhamento com a estratégia de negócios

O primeiro passo é entender o momento de seu setor de atuação e a estratégia da própria empresa. Esse é um exercício que deve ser feito junto com o conselho e os demais agentes de controle e governança. O mapeamento das prioridades estratégicas direcionará uma eventual aplicação de recursos para CVC. A identificação da condição jurídica e estatutária para esse tipo de investimento é também um ponto de atenção. Não são raros os casos em que a gestão não tem autonomia para tal movimento. Um ponto importante do alinhamento do CVC com a estratégia de negócios envolve o foco dos investimentos e os resultados esperados com eles. O resultado esperado tende a variar entre ganhos financeiros e estratégicos, e o foco entre *exploit* (negócios em que a empresa já atua) e *explore* (novas oportunidades para a empresa). Essa não é uma jornada de curto prazo e, por isso, não é algo que se define no nível da gestão. É um tema estratégico e de longo prazo. O período de retorno dos fundos de investimento de capital de risco tende a ser de 7 a 10 anos. Por isso, é decisivo estabelecer o resultado esperado da atuação como CVC. Os ganhos financeiros ocorrerão quando a empresa (ou o fundo criado ou investido) vender suas participações acionárias nas startups por uma avaliação maior do que o *valuation* de entrada. Os ganhos estratégicos envolvem o convívio com a cultura empreendedora, acesso a novas tecnologias, entrada em novos mercados, aprendizados e insights provenientes dessas relações, bem como a geração de um potencial *pipeline* de alvos para fusões e aquisições.

Definição de tese de investimento

A tese de investimentos consiste no direcionamento da empresa em relação ao racional, às áreas de interesse alvo, ao tamanho do cheque, ao grau de maturidade das startups priorizadas e ao modelo de investimento. A tese tem como objetivo auxiliar a filtrar as oportunidades mais aderentes para a empresa, servindo tanto para alinhá-la internamente como também ao ecossistema externo em relação às oportunidades que fazem sentido. De forma geral, a tese aborda os resultados esperados, o foco, o valor do investimento médio por *deal*, os temas de interesse, as práticas de governança e os ativos que a empresa aporta além do capital investido. Por exemplo, uma empresa de tecnologia pode ter uma tese com o objetivo de obter ganhos estratégicos para explorar novas oportunidades, entrando em novos mercados por meio da ampliação do portfólio de soluções oferecidas a seus clientes. Para tanto, pretende atuar com um fundo separado da empresa-mãe, no valor de R$50 milhões, para fazer 15 investimentos *seed*, variando de R$1 a R$2 milhões cada, focados em oportunidades de SaaS para B2B. Há interesse em alocar executivos como *board observers*, reservando 50% do fundo para *follow-on* e oferecendo a conexão das soluções investidas em sua plataforma comercial de soluções B2B. Ter clareza sobre onde atuar e como competir em CVC ajuda a empresa a navegar em um cenário inerentemente incerto e bastante competitivo. O CVC concorre com outros CVCs e com VCs e outras formas de levantamento de capital e acesso a recursos. A suposta vantagem do "estaremos abertos a toda e qualquer boa oportunidade" acaba, na prática, sendo uma ilusão, pois dissipa a potencial vantagem competitiva de um investidor estratégico corporativo.

Seleção de modelos de investimento

O investimento em startups por parte de corporações pode ser feito de forma direta ou indireta. Nos investimentos diretos, a empresa aporta capital — geralmente por mútuo conversível ou entrando na sociedade quando se trata de uma SA — seja por meio do balanço da própria empresa ou estruturando um fundo proprietário dedicado ao tema, eventualmente com uma gestora especializada. A SLC Agrícola, por exemplo, investiu diretamente na Aegro, uma startup de software para gestão de fazendas, e na Pink Farms, uma startup de fazendas verticais urbanas.

A corporação pode optar por liderar os investimentos e determinar seus próprios termos ou adotar uma postura de acompanhar *rounds*, fazendo investimentos de forma colaborativa com outros investidores. Por sua vez, nos investimentos indiretos, as empresas aportam em fundos de investimento de capital de risco que, por sua vez, fazem todo o processo de seleção, análise, investimento e gestão. Há fundos com diferentes teses, desde aqueles setorialmente nichados, como o SP Ventures no Agro, até fundos multicorporativos, nos quais os cotistas são grandes empresas que influenciam nas decisões de investimentos e participam do acompanhamento, como é o caso da MSW Capital, que tem entre suas cotistas grandes empresas como Banco do Brasil Seguros, Algar, Bayer, BancoBV e Microsoft. Investir direta ou indiretamente não são escolhas excludentes, podendo complementar uma estratégia de inovação na qual o relacionamento com os fundos gera oportunidades para aportes diretos e muito aprendizado.

Tenha clareza sobre a governança adequada

Investir capital de risco para obter participação minoritária em startups não é o mesmo que fazer a aquisição de uma startup. O investimento não garante o direito a gerenciar a startup. Por isso, é preciso ter muito cuidado ao adotar a abordagem de M&A, uma vez que as regras são diferentes. O investimento em startups é caracterizado por uma baixa taxa de sucesso e prazo longo de retorno. O papel do investidor minoritário estratégico (CVCs) é dar força ao empreendedor e apoiar o desenvolvimento da startup. A liderança do negócio é feita pelos fundadores da startup. A corporação investidora pode ter presença no conselho ou até mesmo atuar como mentor. Os ativos da corporação — como canais de distribuição, marca, conhecimentos e operação — são diferenciais complementares ao aporte de capital que podem potencializar a startup e, por disso, devem ser acionáveis.

É importante ter atenção ao excesso de direitos buscados pela empresa estabelecida, que supostamente visam proteger o investimento, mas que na realidade podem cercear o crescimento da startup. Além disso, é necessário ressaltar que a parte mais desafiadora do processo não é fazer o *deal*, mas sim capturar valor dele. Se a startup não cresce, a chance de ter retorno financeiro do investimento, ou mesmo de obter ganhos estratégicos, acaba sendo reduzida. Outra escolha de governança importante envolve o grau de separação do CVC em relação à empresa-mãe.

O CVC não é um veículo a serviço de uma unidade de negócios, mas pode auxiliar unidades de negócios. Estas, por sua vez, podem alavancar a contribuição do CVC com a startup ao colocarem seus recursos à disposição. No entanto, o CVC requer agilidade, flexibilidade e práticas de gestão e recompensa adequadas às suas especificidades. Estabelecer essa relação simbiótica entre a estrutura do CVC e a empresa-mãe é fundamental.

Compreender a natureza da jogada

O investimento de empresas estabelecidas em startups é uma das estratégias de inovação aberta disponíveis para reforçar o negócio existente e, principalmente, para explorar novas fronteiras. O jogo é de longo prazo e baixa taxa de acerto. Os ganhos podem ser divididos em financeiros e estratégicos. Alinhar a conexão do CVC com a estratégia corporativa, definir com clareza a tese de investimentos, o modelo de aporte e a governança mais adequada são aspectos que potencializarão as chances de sucesso desse tipo de iniciativa.

CAPÍTULO 3

OS RISCOS E BENEFÍCIOS DA INOVAÇÃO ABERTA COM STARTUPS

Fazer inovação *aberta* com startups pode ser um caminho incrível para melhorar a eficiência operacional de uma grande indústria ou para oferecer novos serviços para um produtor de bens de consumo. Os modelos de parceria detalhados e a alternativa de corporate venture capital são dois dos formatos mais frequentemente utilizados. No entanto, além de se ter a visibilidade dos formatos de relacionamento, é importante compreender os riscos e benefícios desse tipo de movimento.

O primeiro passo é lembrar-se de que uma grande empresa é, segundo a definição de Steve Blank, "***uma organização desenhada para operar eficiente e lucrativamente um modelo de negócios existente***". Tende a ser, predominantemente, um contexto mais propício a uma abordagem de gestão focada em previsibilidade, controle e aversão a erro. Por um lado, a grande empresa tem uma série de recursos úteis para transformar inovações em grandes negócios. Por outro, é carente da mentalidade empreendedora e de soluções para alguns de seus desafios.

O que tem	O que precisa
Recursos financeiros Recursos Marca Canais Conhecimento Relacionamentos Experiência de gestão de negócios maduros	Novas ideias Novos mercados Novos produtos Novas tecnologias Mentalidade empreendedora Ferramentas e técnicas adequadas a alta incerteza

Tabela 2 — O que grandes empresas têm e precisam (Innoscience, 2023).

As startups são **organizações que, em determinado momento de seu ciclo de vida, sob condições de extrema incerteza, buscam desenvolver e escalar um produto, serviço ou modelo de negócio**. A startup não é um tipo de empresa, mas sim um momento na vida da empresa. Seu desenvolvimento ocorre a partir de uma ideia, um MVP (produto minimamente viável), uma prova de conceito, da experimentação e do crescimento. Se, por um lado, ela tem ideias, equipe e ousadia para questionar os paradigmas existentes, por outro, tem a necessidade de acesso a recursos para validar e escalar sua solução.

O que tem	O que precisa
Novas ideias Novos mercados Novos clientes Novas tecnologias Equipe dedicada Ousadia para questionar ortodoxias Inexistência de legado Velocidade para mudar de caminho Flexibilidade	Aprofundar entendimento sobre o problema do cliente Testar a viabilidade da ideia Base de clientes Conhecimento de mercado Escalar o negócio Distribuição Capacidade de execução Relacionamentos

Tabela 3 — O que startups têm e precisam (Innoscience, 2023).

O tema ainda é novo, mas já há pesquisas que indicam os benefícios e as barreiras na visão das startups e os prós e contras na visão das grandes empresas. Para as startups, os benefícios estão relacionados à visibilidade, chancela, acesso a novos mercados e conhecimentos para validar e escalar seus produtos. As barreiras, entretanto, passam pela ausência de velocidade na tomada de decisões, desafios de coordenação interna das iniciativas e desafios culturais para fazer negócios com empresas nascentes.

Benefícios	Barreiras
Visibilidade Acesso a novos mercados Conhecimento de mercado	Velocidade Coordenação Cultura

Tabela 4 — Benefícios e Barreiras (Nesta, 2015).

Os ganhos de visibilidade, acesso a mercados e conhecimento são, por vezes, comprometidos pela lentidão no tempo de resposta das grandes empresas, pela necessidade de interagir com diversos stakeholders e por uma cultura de tomada de decisões avessa ao risco. Já para as grandes empresas, os prós e contras são bastante claros.

Prós	Contras
Novas tecnologias, produtos ou serviços Entrada em novos mercados Oxigenação de marcas Novas perspectivas para resolver problemas existentes Crescimento de *market share* Oxigenação da cultura da organização Fortalecimento da posição de liderança no setor Agilidade	Introduz novas formas de risco Rupturas em times e processos existentes Alto índice de falha que pode contaminar operação existente Alto investimento e baixo retorno no curto prazo Riscos de imagem

Tabela 5 — Prós e Contras (Nesta, 2015).

Compreender as diferenças entre as grandes empresas e as startups, o que cada uma tem a oferecer, e as barreiras e benefícios de parte a parte é fundamental para desenhar o melhor modelo de relacionamento. Há diferentes formas de conectar corporações e startups para inovar mais e melhor. O ponto central é identificar quais são as mais adequadas para cada empresa.

Copiar a experiência de Ambev, Bradesco, Itaú, Alelo, Braskem ou Porto Seguro e replicar na sua empresa, sem uma análise criteriosa, seria fazer como aquele médico que se apaixona pelo remédio e o prescreve a todos pacientes sem saber qual é a doença.

CAPÍTULO 4

A VISÃO DAS STARTUPS

Um aspecto importante ao executar iniciativas de inovação aberta é compreender a visão das startups sobre esse tipo de oportunidade. Não basta dominar os formatos de relacionamento; é necessário ter empatia para se colocar no lugar das startups.

Para as startups, o tempo é o recurso mais escasso. O poeta Carlos Drummond de Andrade disse certa vez que "*perder tempo em aprender coisas que não interessam priva-nos de descobrir coisas interessantes*". A frase se aplica à realidade das startups. Uma startup é uma organização em modo descoberta. E, por dispor de poucos recursos, essa descoberta precisa ser rápida ou pode inviabilizar o negócio. Ao dedicar tempo para aquilo que não é relevante, a startup vai acabar deixando de descobrir, em tempo hábil, o que é importante para validar e escalar seu modelo de negócio.

Nos últimos cinco anos, o ecossistema de inovação brasileiro foi tomado por programas de engajamento entre corporações e startups. O número de startups ultrapassou 15 mil, enquanto o investimento de venture capital em startups brasileiras cresceu de maneira expressiva.

Além disso, os empreendedores amadureceram com a disseminação das boas práticas do empreendedorismo enxuto. É possível ver o surgimento de "*second time founders*", como Marcelo Maisonnave, que fundou a XP Investimentos e, mais recentemente, a Warren. Por outro lado, as empresas estabelecidas ficaram mais sensíveis aos impactos da disrupção. O custo da tecnologia caiu drasticamente. As ferramentas de inovação aberta se disseminaram. Não é novidade que, nesse contexto, as corporações precisem de mecanismos de defesa e de ataque. Ninguém quer enfrentar um novo Uber, Rappi, XP ou Nubank sem tempo e capacidade de resposta.

Movimentos como pitchdays, incubação, aceleração, investimento e aquisição de startups se tornaram pauta diária nas corporações. O problema é que, feitos sem o devido alinhamento estratégico, preparação organizacional e método específico, eles têm trazido, na maior parte dos casos, resultados marginais para ambas as partes. Segundo dados da *100 Startups* mais de 50% das corporações que realizaram projetos-piloto com startups transformaram apenas 10% a 15% deles em relações comerciais subsequentes. Essa baixa taxa de sucesso tem deixado as startups mais seletivas para tais iniciativas.

Nos últimos anos, tivemos a oportunidade de participar de dezenas de programas desse tipo, com mais de 600 pilotos desenhados entre empresas estabelecidas e startups. Consolidamos um racional de quais são os benefícios que as startups podem esperar e quais os riscos que devem evitar da inovação aberta com grandes empresas.

Os 4 benefícios da relação com empresas estabelecidas

1. Ter acesso a ativos únicos

Uma grande empresa é um *pool* de recursos humanos, financeiros, reputacionais e de relacionamento. Para quem trabalha com alimentos, imagine ter acesso a um canal de distribuição ou a uma estrutura de laboratório como o da Nestlé. Empresas estabelecidas têm profissionais técnicos em diversas áreas que são caros para a realidade das startups. Quando uma startup faz negócios com uma dessas empresas, esse conjunto de ativos fica mais perto de sua realidade.

2. Incorporar a chancela de uma grande empresa

Nada mais importante para quem está tentando fazer algo novo do que a credibilidade. Uma startup pode até ter conseguido captar os primeiros clientes, os inovadores, e os *early adopters*, mas para acessar o *mainstream* será necessário mostrar que gente conservadora também acredita na solução. Para uma startup de saúde, por exemplo, dizer que Eurofarma, Boston Scientific, Panvel ou Unimed estão usando a solução pode ser um divisor de águas.

3. Melhorar produto e prestação de serviços

Trabalhar com grandes empresas não é fácil: diversos interlocutores, mudanças de caminho, demandas complexas. E, exatamente por isso, pode ser uma oportunidade sensacional de aperfeiçoar o produto e, principalmente, aumentar a capacidade de prestação de serviços. Acompanhando os pilotos de startups em execução na Ocyan ou Alelo, por exemplo, fica evidente que parte das startups sairão dessa experiência contratadas, e, acima de tudo, fortalecidas. As exigências e reflexões trazidas pelo time da grande empresa ajudarão algumas das soluções a serem ainda melhores.

4. Captar recursos sem abrir mão de equity

Discutir *valuation* em uma startup *early stage* é, normalmente, um processo carregado de incertezas que se transformam em risco deduzido no fluxo de caixa futuro. Nesse cenário, abrir mão de "só" 15% pode não parecer relevante, mas depois de diversas séries de captação, pode fazer toda a diferença na atratividade que o empreendimento terá para o empreendedor. Não há melhor dinheiro captado do que aquele que se obtém por meio da emissão de nota fiscal de venda de produtos ou serviços. O Sicredi assinou um contrato com a Hallo para a operação de um marketplace chamado Sicredi Conecta, que reúne milhares de cooperados numa plataforma tecnológica. Com essa receita, a startup pode se organizar para crescer e captar novos investimentos em melhores condições.

Os quatro riscos da relação com empresas estabelecidas

1. Perder tempo com o que não é prioridade

A startup não pode participar de iniciativas que não tenham absoluto *fit* com seu momento e que não forneçam os ativos que são prioridade para seu desenvolvimento. Há programas que prometem espaço em coworkings para startups com quarenta funcionários e escritório próprio, o que se torna uma oferta irrelevante. A startup precisa identificar se os contatos na empresa têm o mandato e os recursos necessários. A perda de tempo com empresas estabelecidas que não estão organizadas para esse relacionamento pode ter consequências decisivas. A startup deve priorizar a execução de um piloto de curto prazo e não o desenho de um macro plano que pode vir a revolucionar o mercado, mas que demandará mais tempo para ser desenhado do que para ser executado.

2. Virar um desenvolvedor sob medida

Grandes empresas têm natural tendência a customizar soluções para suas necessidades específicas. Isso pode ensejar alterações no produto original da startup. Parte dessas modificações podem ser úteis. A Delfos concordou em fazer adaptações em seu produto que não somente seriam úteis para Moove, mas também fariam sentido para o seu roadmap. Em outras situações, tais exigências são demandas específicas da empresa que não serão adotadas por outros clientes da startup, o que a coloca em uma jornada de versões white label e, por vezes, em uma perigosa rota de desenvolvimento sob medida que não condiz com a proposta da startup.

3. Ficar estrategicamente delimitado

Nem todas as empresas aprenderam a se relacionar com startups. Algumas ainda exigem exclusividade de soluções, mesmo quando isso não faz nenhum sentido. Imagine uma grande instituição financeira exigindo a uma startup de recrutamento e seleção de pessoas que não atenda a outros bancos brasileiros. Isso acabaria com um dos principais mercados da startup. Nesse caso, ou a empresa compra a startup ou acabará reduzindo o potencial de mercado dela. As startups precisam ter cuidado com exclusividades, direitos excessivos e limitações, não apenas quando estiverem assinando contratos de prestação de serviços ou parcerias, mas também quando houver investimentos da corporação no equity da startup. Ficar aprisionado pode ser sufocante.

4. Perder contato com os interlocutores

As grandes empresas frequentemente praticam a troca de posição de seus executivos. É fundamental para a startup desenvolver relacionamentos com diferentes profissionais dentro da empresa. No caso de uma construtora com a qual trabalhamos, uma troca de sponsor do projeto impactou negativamente o piloto. A nova pessoa não fez o *onboarding* adequado, não teve o projeto como prioridade, e acabou não dando atenção ao piloto. O melhor é tentar se antecipar a essas situações, mas, ao vivenciá-las, é crucial engajar rapidamente o novo executivo.

Toda relação interempresarial apresenta desafios. Não é diferente com a inovação aberta entre corporações e startups. Identificar os riscos e benefícios pode ser decisivo. Acima de tudo, as startups devem tomar cuidado para não perder tempo com distrações, ou pode faltar tempo para fazer a startup decolar. E as grandes empresas, ao compreenderem a visão das startups sobre esse tipo de movimento, podem estar mais bem preparadas para enfrentar os desafios da inovação aberta com startups. Um desses desafios é como lidar com o erro dentro de empresas estabelecidas.

CAPÍTULO 5

O PAPEL DO ERRO NA INOVAÇÃO

No dia 6 de junho de 1997, Chicago Bulls e Utah Jazz se enfrentavam pela terceira partida das finais da NBA. O Bulls vencia a série por 2 x 0. O Jazz não poderia perder o jogo. Faltando poucos segundos para o fim do embate, Michael Jordan recebeu a bola para o arremesso decisivo. John Stockton dobrou a marcação em cima dele, roubou a bola e a passou para Karl Malone fazer a cesta que deu a vitória ao time de Utah. O erro de Jordan custou o jogo à equipe de Chicago. Deve ter sido duro para Jordan, pois ele era um perfeccionista, como pode ser visto no documentário *Arremesso Final*, da Netflix.

Ninguém evolui sem errar. A melhoria no desempenho dos atletas de alto nível passa pelo erro. O que os diferencia é a forma como lidam com os erros. No jogo da NBA, Jordan não conseguiu evitar o erro em um arremesso que estava habituado a fazer. Restava ao craque aprender com o episódio e fazer melhor numa próxima vez. Como ele mesmo disse ao ser questionado sobre o tema: "Errei mais de 9 mil arremessos na minha carreira. Perdi quase 300 jogos. Em 26 oportunidades, confiaram em mim para fazer o arremesso da vitória e eu errei. Falhei muitas e muitas vezes na minha vida. E é por isso que tenho sucesso."

No ambiente de negócios, o erro também é um tema crítico para alcançar a excelência. A *MIT Sloan Management Review Brasil* publicou uma reportagem sobre o processo de transformação do Grupo Votorantim. Um dos objetivos desse processo, segundo os executivos da empresa, era mudar a mentalidade das lideranças sobre tomada de risco e administração de erros. A busca de uma nova abordagem em relação ao erro não é exclusividade da Votorantim. É uma mentalidade bastante difundida nas práticas do "*startup way*" como *Design Thinking*, *Lean Startup* e *Agile*. A aversão ao erro é, segundo Daniel Kanehman, prêmio Nobel de Economia, um traço instintivo do ser humano e pode se transformar em inibidor da inovação em grandes empresas. As pessoas têm medo de errar, levar a culpa e serem penalizadas. Não há espaço psicologicamente seguro para testar. Por que colocar em risco o presente e comprometer o futuro para tentar algo que pode dar errado? Os incentivos para acertar nem sempre são tão relevantes quanto o medo de perder.

Errar é bom?

Em nosso trabalho com inovação corporativa nos últimos anos, aprendemos que a visão sobre o papel do erro no ambiente de negócios tem sido equivocada. Há erros que não trazem nenhuma contribuição para a inovação. Estimular as pessoas a errarem não faz sentido. Em nosso primeiro projeto como consultores de inovação, percebemos que não seria fácil promover uma cultura que valorizasse o aprendizado com os erros.

Em 2006, as empresas não estavam sensibilizadas sobre a necessidade de inovar. Um dos primeiros clientes que acreditaram no nosso trabalho foi uma indústria que fabrica bens de capital sob encomenda, mais especificamente, equipamentos para a movimentação de granéis sólidos. Em um dos encontros com o CEO e a diretoria, abordamos a prescrição do "*para inovar, tem que errar*". Compartilhamos as experiências de empresas do Vale do Silício e do Laboratório Pfizer — cujo Viagra foi originalmente desenvolvido para combater a angina — como exemplos de valorização do erro e do alcance do sucesso por meio de pivotagens. Ficamos com a sensação de que a proposta havia gerado certo desconforto nos presentes.

Como é que uma empresa que fabrica equipamentos de movimentação como carregadores de navio e elevadores de caçamba, e que aplica engenharia sofisticada, poderia considerar o erro algo positivo? Ficou claro que os líderes precisariam (e ainda precisam) de um referencial acionável mais bem organizado para desenvolver o novo mindset sobre como lidar com o erro.

A partir disso, fizemos algumas reflexões sobre tipos de erro e seu papel no dia a dia corporativo. Será que qualquer tipo de erro é útil? Todos os erros podem ser evitados? Todos contribuem da mesma forma para a inovação? Existem erros positivos e negativos?

Os três tipos de erros em negócios

Nossa cruzada para apoiar as empresas a inovarem nos levou a conhecer o trabalho da professora Amy Edmondson, da Harvard Business School. A pesquisadora estabeleceu a melhor visão sobre os tipos de erros e como abordá-los. São eles:

i. **Erros evitáveis em operações previsíveis.** Envolvem desatenção, desvio de procedimentos e falta de habilidade para a execução daquilo que é conhecido. Por exemplo, as atividades de atendimento de um *call center*. No dia 14 de dezembro de 2020, os serviços do YouTube, Gmail e Google Drive ficaram fora do ar. Esse tipo de erro não foi "planejado" — ou seja, usado como experimentos — e não contribuiu para o processo de inovação da Alphabet Inc., empresa-mãe do Google e de outras subsidiárias.

ii. **Erros imprevisíveis em sistemas complexos**. Envolvem a geração de *outputs* inesperados para situações em que há diversos atores e interações em situações de alto nível de incerteza. O algoritmo de promoção utilizado pelo *e-commerce* da Magalu, uma das principais operações digitais brasileiras, cometeu um erro ao oferecer inadvertidamente uma promoção com um valor maior do que o planejado para um grande número de clientes. Esse incidente destaca que sistemas complexos podem enfrentar rupturas e cisnes negros.

iii. **Erros oportunos em momentos de experimentação.** Envolvem a captura de insights na execução de experimentos para validar determinadas hipóteses no desenvolvimento de um novo produto, serviço ou modelo de negócios. O site Booking.com, por exemplo, executa 30 mil experimentos digitais por ano. Em um projeto recente, no qual testávamos uma nova abordagem de vendas com um cliente industrial, descobrimos que uma determinada funcionalidade antes supervalorizada era, na verdade, de baixa importância. Erramos pequeno, corrigimos o erro rapidamente e recebemos insights valiosos.

Quando errar é bom e quando é ruim

O maior desafio para as lideranças consiste em compreender o tipo de situação que estão enfrentando, e então determinar qual seria a abordagem mais eficiente para gerir do erro. Steve Blank, pai da teoria startup, diz que as empresas estabelecidas são boas no modo execução, enquanto as startups são craques no modo descoberta. O erro, em cada um desses contextos, tem papel distinto.

Conectando esses pontos, a professora Edmondson desenhou uma linha para ilustrar, em um extremo, os erros negativos — associados à ineficiência de execução de operações rotineiras —, e, no outro, os erros bons — produto da realização de experimentos para novas descobertas. Cada tipo de erro requer um comportamento:

- Os erros em operações previsíveis devem ser evitados.
- Os erros oriundos da imprevisibilidade em sistemas complexos precisam ser antecipados ou rapidamente consertados.
- Os erros em processos de experimentação devem ser comemorados.

Adotar uma conduta gerencial padrão para todos os erros pode gerar efeitos negativos. Por um lado, pode minar a performance da empresa ao aceitar-se a baixa eficiência em processos dominados; por outro, pode inibir a inovação ao evitar a tomada de riscos para a criação do novo.

O mais importante

Erros acontecem. O essencial é distinguir entre eles e saber como lidar com cada situação. Jordan aprendeu com seu próprio erro. No sétimo e último jogo das finais da NBA de 1997, a bola voltou às mãos de Michael Jordan, faltando 10 segundos para o fim da partida, que estava empatada em 86 pontos — nessa hora, deve ter passado um filme pela mente do craque. Em vez de definir a jogada, ele fez um passe surpreendente para Steve Kerr, um reserva que costumava entrar alguns minutos por jogo. Kerr, que não vinha bem nas finais, mas tinha um ótimo desempenho no arremesso de longa distância, recebeu a bola e, dentro do garrafão, fez o arremesso que garantiu o título.

Para apoiar os times a lidarem de forma eficaz com erros, é essencial dominar os diferentes tipos de erro e suas consequências. Evitar os positivos pode ser tão danoso quanto aceitar os negativos. Os erros podem ser ruins, inevitáveis ou até positivos. Quem não aprende com eles, não avança.

No fim das contas, todo mundo que já teve a bola decisiva nas mãos, em esportes ou no trabalho, sabe que só não erra quem está na arquibancada.

DESTAQUES

A primeira parte do livro abordou aspectos conceituais e práticos sobre a inovação aberta com startups. Destacamos aqui sete aprendizados que serão úteis para seu dia a dia:

1) A estratégia de inovação da empresa define o melhor modelo de inovação;
2) A inovação aberta é um modelo com diferentes práticas;
3) A inovação aberta com startups é uma dessas práticas;
4) A inovação aberta com startups se manifesta com um conjunto de diferentes formatos de conexão entre corporações e startups;
5) As startups correm contra o relógio e não podem se dar ao luxo de perder tempo com relacionamentos desorganizados;
6) Fique atento aos benefícios e desafios desses relacionamentos;
7) Nem todo erro é bom para a inovação.

PROCESSO DE INOVAÇÃO ABERTA COM STARTUPS

PARTE 2

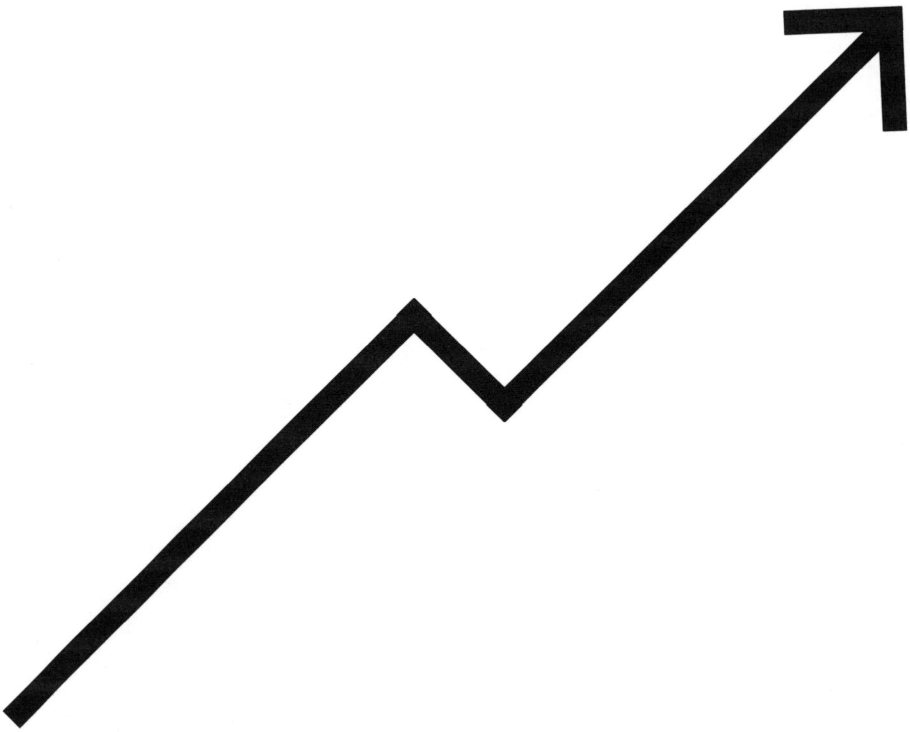

CAPÍTULO 6

O PASSO A PASSO DOS PROGRAMAS DE INOVAÇÃO ABERTA COM STARTUPS

Inovação não é exclusividade de startups. Grandes empresas podem ser inovadoras sem terem que copiar o modelo de startups. Steve Blank, pai do *Lean Startup*, disse certa vez que "**startups não são versões menores de grandes empresas**". É verdade. As startups requerem uma abordagem totalmente diferente de gestão. As competências para descobrir novos mercados são muito distintas das que se utilizam para escalar oportunidades. Há inclusive quem diga que as grandes empresas deveriam abrir mão de descobrir para focar escalar. Para inovar, grandes empresas podem obter melhores resultados estabelecendo parcerias com startups em vez de imitá-las.

O problema é que o relacionamento entre grandes empresas e startups tem baixa taxa de sucesso. Apenas 7% das grandes empresas convertem acima de 50% dos pilotos realizados. A nossa experiência sugere que a baixa taxa de conversão se deve a fatores como o desalinhamento sobre os objetivos da iniciativa, a falta de preparação de áreas de apoio, além da inadequada concepção e execução dos projetos-piloto.

Não há dúvidas de que corporações e startups vivem contextos distintos, mas será que ainda é possível acreditar numa relação simbiótica, ganha-ganha? Infelizmente, parte das startups começa a questionar os resultados desse modelo. Para mudar a situação atual, as empresas estabelecidas devem saber exatamente o que esperam alcançar com o relacionamento com startups.

Alinhamento estratégico

Incubação, aceleração, contratação, parceria e investimento são alguns dos formatos existentes para operacionalizar a interface entre as grandes empresas e as startups. Cada formato cumpre determinado objetivo estratégico. Se o objetivo é otimizar o *core business*, a empresa pode contratar startups para funções em que a vantagem de desenvolvê-las internamente é pouca. Nesse caso, a aquisição de uma tecnologia madura pode ser um atalho operacional com baixo risco. Quando a intenção é se mover para as adjacências, a parceria é um dos formatos mais adequados. Por outro lado, se o objetivo é criar negócios, as opções de corporate venture capital ou aquisição são rotas mais efetivas.

Não há como fazer algo novo sem correr riscos, no entanto, as empresas estabelecidas precisam melhorar a taxa de conversão da inovação aberta com startups. Nos últimos anos, vivenciamos a realidade de dezenas de programas de startups em setores como farmacêutico, alimentos e bebidas, serviços financeiros, agronegócio, saúde, construção, varejo, energia, óleo e gás entre outros. Essa experiência permitiu identificar um padrão emergente entre os programas com melhores resultados. Em comum entre eles estava a sequência de um passo a passo de sete fases, que garantiu uma taxa média de conversão de 50% de pilotos em negócios. Depois de termos apresentado a visão geral do método, passamos a detalhar cada uma das fases, compartilhando experiências e ferramentas para fazer a inovação aberta com startups funcionar.

Passo 1: Defina a estratégia de inovação aberta com as startups

A estratégia de um programa de startups trata das principais escolhas sobre os resultados esperados, dos temas estratégicos, do grau de maturidade da startup, do formato e modelo de conexão. O alinhamento entre a alta gestão, área de inovação, áreas de negócios e de apoio, impacta diretamente na conversão das futuras parcerias. O programa Além, da Ambev, por exemplo, está focado em cocriar negócios digitais com startups para além dos produtos existentes da empresa. A empresa também optou por buscar startups mais maduras em novos produtos, serviços e modelos de negócio. O formato selecionado envolve a parceria entre as partes. A seleção das startups ocorre em modelo de *batch*.

As edições do AgroX da SLC Agrícola, gigante brasileira do agronegócio, tiveram como estratégia otimizar a operação agrícola e gerar produtividade ao negócio existente, atuando como *early adopter* de tecnologias. As startups buscadas estavam em estágio de validação, tração ou escala. O formato de conexão foi a contratação de fornecedores em um modelo de *batch*.

A operação da Boston Scientific no Brasil, uma das maiores empresas do mundo de dispositivos médicos, tem no Open Challenge sua iniciativa de inovação aberta com startups, visando ganhos na operação por meio da realização de pilotos e posterior contratação das soluções.

A fase de estratégia também deve abordar a preparação da organização para esse relacionamento. São pontos críticos: a capacitação dos times que colaborarão com as startups, além do alinhamento com as áreas de apoio, como a financeira, jurídica, *compliance*, de suprimentos e tecnologia da informação, para que atuem de forma ágil e adaptada ao contexto de startups. O envolvimento de todos na construção e lançamento da iniciativa facilitará a totalidade do trabalho.

Passo 2: Organize a governança e a participação das áreas de apoio

Antes de buscar as melhores startups para as áreas de interesse priorizadas, é importante alinhar os papéis e as responsabilidades entre diretoria, área de inovação, unidades de negócios e áreas de apoio. De forma geral, a área de inovação faz toda a articulação, enquanto a diretoria valida o direcionamento e aprova o rollout dos projetos.

A liderança dos projetos, desenho, experimentação e rollout frequentemente fica a cargo das unidades de negócios. Se o projeto é sobre indústria 4.0 é provável que a área de manufatura lidere o projeto. Se a iniciativa é de *customer experience*, a tendência é que seja liderado pelas áreas de marketing e comercial.

Por fim, as áreas de apoio, como tecnologia da informação, financeira, de suprimentos, jurídica e RH têm papel fundamental na homologação, cadastramento, formalização e pagamento das iniciativas. As empresas que promovem a integração desses times, desde o início de seus programas de inovação aberta, tendem a apresentar melhores condições de execução de projetos com startups.

Passo 3: Busque startups aderentes à estratégia

Há uma disputa pelas melhores startups. Em alguns casos, a lógica se inverte e as startups acabam por escolher as grandes empresas mais preparadas. Ter um site do programa para inscrever startups é a parte fácil.

A efetividade do *scouting* passa pela clareza dos temas de interesse da empresa, comumente chamados de desafios. A parceria com hubs de inovação e, principalmente, o contato direto com as startups, ainda são as formas mais efetivas de atrair boas soluções e evitar a seleção adversa. Volume de inscritos em programas de conexão é métrica de vaidade. O importante é ter um conjunto reduzido de soluções altamente aderentes.

Para atrair as melhores startups, as corporações devem compartilhar evidências de que estão preparadas e que a startup não perderá tempo e dinheiro ao participar. Cuide bem das suas startups. Programas com *track-record* estabelecido saem na frente. Iniciativas como BoostLab, Germinar, Braskem Labs, Panela Nestlé, InnovatiOn Unimed VTRP, Ocyan Waves, Scale-up Endeavor, Radar Santander, e outros que têm histórico de sucesso são apostas mais seguras para startups que correm contra o tempo e não podem desperdiçar energia naquilo que não faz sentido para sua jornada de desenvolvimento.

Passo 4: Engaje os interessados no filtro das soluções

A adoção de novas soluções tecnológicas em empresas estabelecidas tende a funcionar melhor a partir de um sistema de puxar do que de empurrar. Isso significa que ficar levando startups disruptivas a quem não tem interesse pode ser ineficaz, por melhor que sejam as soluções. Para fortalecer a conexão, a fase de seleção e filtragem de startups deve ser feita em conjunto com os times responsáveis pelos desafios, que poderão se tornar potenciais usuários, contratantes ou investidores da startup.

Os critérios de filtragem dependem da estratégia definida na primeira fase. Em geral, empresas que pretendem investir em startups devem considerar o *captable*, o tamanho de mercado e o perfil dos *founders*, enquanto corporações em busca de fornecedores e parceiros devem dar atenção especial à solução e à estrutura das startups. Alguns critérios podem ser específicos da estratégia dos programas. O programa Além, da Ambev, priorizou startups com mulheres, pessoas pretas e outros grupos sub-representados em cargos de alta gestão.

Porém, muito cuidado com as aparências. Nem tudo que reluz é ouro. Há startups premiadas e com *founders* bastante conhecidos que não necessariamente têm as soluções mais adequadas para determinada empresa. Em função disso, analisar dados disponíveis e buscar feedback de outros clientes ou parceiros das startups, bem como conversar com *founders* e *heads* sobre suas soluções, é um caminho que aumenta as chances de seleção mais assertiva para os dois lados.

Passo 5: Cocrie projetos-piloto para teste rápido

Todo cuidado na fase de seleção vale a pena, porém, é difícil saber o que funciona antes de testar. Mesmo investidores de risco altamente especializados têm uma baixíssima taxa de sucesso. O caráter incerto dessas apostas tem estimulado as empresas a realizar experimentos, provas de conceito, protótipos e pilotos.

O maior desafio desse tipo de abordagem é colocar ambos os lados no mindset correto. Cada parte tem um pedaço da equação. É natural que executivos de empresas estabelecidas queiram resolver seus problemas, ou mesmo encaminhar as novas oportunidades, o mais rápido e intensamente possível. Também é compreensível que startups queiram um novo cliente, parceiro ou investidor com quem consigam escalar de forma ágil e significativa seu negócio. Entretanto, o melhor caminho para ampliar as chances de sucesso é executar um mínimo piloto viável (MVP) cocriado entre as partes, que valide as principais incertezas antes de um rollout.

O excesso de ambição pode transformar discussões simples em debates complexos que demandam alto investimento. Outro desafio é a elaboração ágil de projetos-piloto e reunir todos os interlocutores de empresas estabelecidas e startups à mesa. Coordenar agendas de diversas pessoas em um prazo curto não é nada fácil.

Para resolver a questão, adotamos três práticas de gestão que têm alcançado resultados significativos na taxa de conversão. Primeiro, forme um *squad* específico com gente da startup e da corporação, integrando-os em um time único com autonomia para o desenho de um piloto. Segundo, realize o desenho do piloto em modo imersivo, reunindo todos os interlocutores por dois a três dias consecutivos, seguindo um modelo semelhante ao *Design Sprint*. Terceiro, aplique um framework de colaboração que facilite a adoção de uma linguagem comum. Mais de 78% dos projetos desenhados com essa abordagem obtiveram aprovação para a execução de pilotos.

Passo 6: Execute projetos-piloto com disciplina

Experimentos são formas estruturadas para validar hipóteses de criação de valor. Sonhar grande faz todo o sentido. Começar pequeno ainda mais. Bons projetos-piloto são iniciativas com escopo claro, KPIs e prazos definidos.

Os maiores pontos de atenção durante um projeto-piloto são: a mudança dos interlocutores, a alteração do escopo sem razões justificadas por meio de dados, e o acesso aos recursos humanos, financeiros e tecnológicos necessários. Bons pilotos são pequenos projetos focados, de curta duração. Projetos de doze meses, na maioria das vezes, não são pilotos ou provas de conceito.

Uma forma eficaz de estruturar os projetos-piloto é utilizar um framework de aprendizagem de pilotos que aborde os principais temas necessários para alinhar as expectativas entre as partes.

A execução do piloto requer clareza de responsabilidades e contato frequente entre os integrantes da startup e da empresa que compõe o *squad*. A adoção de rituais ágeis como planejamento de *sprint* semanais, *daily meetings* e o uso das ferramentas da metodologia *Kanban* acelerará a execução eficaz.

Passo 7: Avalie resultados e defina os próximos passos

A última fase da jornada de programas de startups é a tomada de decisão sobre os projetos-piloto realizados. Para tanto, é necessário avaliar de forma criteriosa os resultados alcançados em relação às hipóteses estabelecidas. A ausência de uma avaliação estruturada, baseada em dados e com a participação dos stakeholders de alta gestão necessários, sem vieses de decisão, compromete a propensão à adoção em escala das soluções.

Neste momento, é importante definir os possíveis passos subsequentes ao piloto. De forma geral, podemos resumir os caminhos alternativos em: **encerrar**, **estender** ou **escalar**.

Encerrar é a melhor alternativa quando a solução não funcionou ou quando as partes não conseguiram trabalhar de forma eficaz conjuntamente. Há startups com bons produtos que, no entanto, não têm boa prestação de serviços. Nestes casos, ainda existe a chance de estabelecer determinados padrões de serviço específicos que devem ser atendidos para manter a continuidade da relação. **Estender** é a decisão correta quando algumas incertezas e hipóteses foram parcialmente confirmadas. Contudo, ainda existem questões que deverão ser respondidas antes de um maior comprometimento de recursos. Por fim, **escalar** é o caminho adequado quando as incertezas foram positivamente respondidas. A intensidade e formato da expansão dependerão da estratégia, dos recursos e das prioridades do projeto para a startup e a corporação.

Os resultados são capturados no rollout

O início da jornada de inovação aberta com startups no Brasil começou com as empresas fazendo eventos de pitch e apresentando as startups para seus times de negócio. Esse tipo de iniciativa tem um impacto muito legal na oxigenação das equipes internas e pode abrir oportunidades para as startups.

No entanto, uma parcela relevante desses contatos não se transforma em negócios e, por consequência, não gera resultados para nenhuma das partes. A partir disso, as empresas perceberam a necessidade de ir além dos pitches e começaram a montar projetos-piloto e provas de conceito. Um avanço e tanto. Esse tipo de experimento traz benefícios concretos tanto para as empresas estabelecidas, que têm acesso a novas soluções, quanto para os empreendedores, que podem validar suas necessidades.

O resultado efetivo ocorre quando as soluções são implementadas em larga escala. Imagine uma *indtech* que testa uma solução com um cliente da Moove. O teste é um passo importante; contudo, a geração de valor e o impacto ocorrem quando a startup avança de um cliente para um distribuidor, que atende centenas de clientes, e se intensifica ainda mais ao passar de um distribuidor para treze.

A inovação aberta com startups é uma estratégia que permite às grandes empresas otimizar, renovar ou transformar seus negócios, enquanto as startups podem ter acesso a recursos únicos e valiosos para crescer de forma sustentada. Copiar a forma de inovar das startups não é a melhor alternativa. Colaborar, a partir do passo a passo apresentado, pode ser um caminho bem mais efetivo. A operacionalização desse passo a passo dentro de uma grande empresa pode se dar a partir de três modelos alternativos a seguir detalhados.

Os três modelos para operacionalizar a conexão com startups

Os programas de inovação aberta com startups tomaram conta do ambiente de negócios brasileiro. São milhares de empresas estabelecidas inovando por meio de iniciativas desse tipo. A primeira onda de inovação aberta com startups no Brasil, em nossa avaliação, foi no final dos anos 1990, no *boom* inicial da internet brasileira.

Nessa época, surgiram empresas como Zaz (que posteriormente se tornou Terra), ZipNet, Booknet (que virou a Submarino), IG, Investshop, Patagon e outros. Um *case* que um de nós vivenciou nessa primeira onda foi a parceria de uma instituição financeira com o portal líder de mercado imobiliário da época, o Planeta Imóvel, atual Zap. A instituição financeira queria distribuir produtos financeiros imobiliários no ambiente digital e propôs um acordo de cooperação comercial para colocar os simuladores de financiamento imobiliário — uma inovação naquele momento — junto ao resultado da pesquisa de interessados por imóveis que acessavam o portal.

A segunda e mais significativa onda desse relacionamento entre corporações e startups iniciou-se a partir de 2015. Os programas dessa onda de inovação aberta apresentavam três características fundamentais: a) formatos de aceleração com capacitação e mentoria; b) aporte de capital em troca de opção de conversão em participação das startups; c) modelo de *batch* como estrutura preferida para essa interação, por meio da qual a empresa se conecta simultaneamente com diversas startups para solucionar alguns de seus desafios de negócios.

O amadurecimento do ecossistema e a entrada de novas empresas abriram espaço para novas abordagens. A onda mais recente se concentra em gerar eficiência e competitividade para as empresas, assim como oportunidades de negócios para as startups. Ademais, à medida que as empresas fortalecem suas capacidades de se relacionar com o ecossistema, não apenas o formato se diversifica, também os modelos de conexão.

Incubação, aceleração, contratação, parceria e investimento são alguns dos formatos para realizar a conexão entre empresas estabelecidas e startups. O formato é escolhido, principalmente, com base nos objetivos estratégicos da empresa, que podem ser de reforço, renovação e criação de negócios. Entretanto, independentemente do formato de conexão escolhido, os sete passos anteriormente apresentados podem ser operacionalizados de três formas: *batch*, contínuo ou sob demanda.

1. *Batch*: foco e entregáveis concretos

DESCRIÇÃO: programa aberto com chamada pública, início, meio e fim, com um conjunto de desafios priorizados para uma turma de startups selecionadas, avaliadas e pilotadas em grupo.

DESAFIOS: conjunto de três a sete desafios conduzidos conjuntamente de forma síncrona.

GESTÃO: centralizada e corporativa de áreas como inovação, digital e novos negócios, que atendem outras áreas da empresa como clientes.

2. Contínuo: abrangência, autonomia e escala

DESCRIÇÃO: conexão contínua, com ou sem chamada pública, para um conjunto de desafios autônomos e assíncronos ao longo do ano para diferentes áreas da empresa.

DESAFIOS: ilimitados e executados assincronamente.

GESTÃO: distribuída entre as áreas internas.

3. Sob Demanda: flexibilidade para soluções pontuais

DESCRIÇÃO: busca ativa de startups sob demanda para um determinado desafio, sem chamada pública ou comunicação.

DESAFIOS: um por vez.

GESTÃO: autônoma, em cada área interessada.

Não existe uma forma única de inovar. Nem mesmo de se conectar com startups. Os modelos apresentados podem encaminhar formas de trabalho específicas para determinadas realidades. Todos esses modelos apresentam vantagens e desvantagens. Mas, qual o modelo mais adequado para cada situação?

Modelos e contextos de aplicação

A seleção do modelo adequado que permitirá à empresa potencializar seu relacionamento com as startups é definido a partir da intersecção de três premissas principais:

- **i.** qual é o grau de maturidade que sua empresa apresenta no relacionamento com a startup;
- **ii.** qual a abrangência da iniciativa para a execução do desafio de interesse da corporação;
- **iii.** qual a disponibilidade de investimento para a execução da iniciativa.

Estruturamos a matriz de modelos de conexão para demonstrar como a intersecção das três premissas principais condiciona o modelo adequado para cada realidade:

Matriz de Modelos de Conexão com Startups

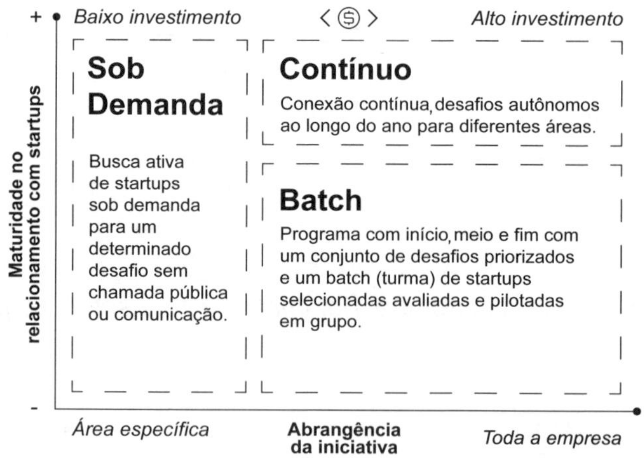

Figura 2 — Matriz de Modelos de Conexão com Startups (Innoscience, 2023).

Se a empresa busca uma solução pontual para determinada área e não há muita disponibilidade de investimento, o modelo que trará maior eficácia no uso de seus recursos e competências é o *Sob Demanda*, pois os principais objetivos do modelo são trazer flexibilidade de cronograma, agilidade para a contratação de soluções pontuais e maior autonomia para a área demandante da empresa.

Um caso que ilustra esse modelo é o de um importante varejista de materiais de construção com quem trabalhamos na busca startups para um desafio específico e urgente de sua área de Recursos Humanos, sem realizar chamada pública nem envolver outras áreas de sua companhia, dado que era uma demanda específica e pontual.

Por outro lado, se a empresa busca um conjunto de desafios que impactará em diversas áreas — ou até na empresa inteira — e dispõe de um montante de investimento, é preciso definir seu grau de maturidade no relacionamento com startups para discernir qual será aquele modelo que trará maior desempenho para sua companhia.

No caso de sua corporação já ter realizado pilotos com algumas startups ou ter contatos esporádicos com startups em eventos e Pitch Days, o modelo adequado para sua estratégia é o *Batch*, pois permitirá a estruturação de um conjunto de desafios para a companhia, com um grau de centralização e organização de cronograma, processos e recursos humanos/financeiros que permitirão gerenciar o resultado do programa como um todo. Além disso, fará com que você diversifique suas apostas não as centralizando num projeto específico sem ter a maturidade necessária para gerenciar os riscos e as complexidades de projetos-pilotos com startups.

O modelo de *Batch*, por seguir um cronograma único, viabiliza o envolvimento e amadurecimento de diversos stakeholders internos no relacionamento com startups. Isso inclui o envolvimento das áreas de apoio sensibilizadas no início do ciclo, organizadas para aprovar os trâmites burocráticos dos pilotos dentro do tempo que o ciclo necessita. Para esse modelo, há inúmeros exemplos de corporações que o adotam para iniciar uma transformação digital centralizada e organizada, com o envolvimento de startups. Um exemplo de grande sucesso foi o de uma companhia do setor de óleo e gás, nossa cliente, que, em seu primeiro ciclo, aprovou 75% dos pilotos com startups para rollout e impactou positivamente diversas áreas de seu negócio.

No entanto, se sua empresa já está habituada a executar diversos pilotos, implementou rollouts desses projetos e suas áreas de apoio e de negócios compreendem as especificidades de estruturação e execução de projetos inovadores com startups, o modelo *Contínuo* oferece uma escala e uma autonomia em sua companhia que fará seu portfólio de projetos ter ganhos estratégicos e financeiros interessantes.

Essa condição de alcance de resultados em relação aos outros modelos só é factível devido ao alto grau de maturidade no relacionamento com startups que a empresa alcançou. Isso ocorreu após a execução de inúmeros pilotos, o envolvimento de distintas áreas de negócios e de apoio, e o aperfeiçoamento dos processos internos da empresa capazes de suportar a articulação de um grande número de projetos com startups. Tudo, sem demandar a centralização e a organização de um calendário único ou o envolvimento pontual das áreas de apoio.

Vale destacar a atuação de uma instituição financeira que, após estruturar ciclos de contratação com startups para diferentes áreas de negócios, optou por descentralizar o modelo. Hoje, as áreas demandantes dos desafios são autônomas e integram o portfólio de projetos de inovação aberta, sem a necessidade de seguir um cronograma estipulado pela companhia.

A aplicação conjunta dos modelos

Os modelos *Batch* e *Contínuo* podem ser conciliados ao *Sob Demanda*, caso alguma área tenha uma exigência pontual e urgente e precise de apoio na resolução do desafio. Recentemente, uma grande corporação do setor agrícola, que estrutura sua iniciativa de inovação aberta no modelo *batch*, teve que realizar uma busca pontual de desafio para uma área de negócios que não estava envolvida no programa. Para isso, conduziu a busca, sem chamada pública, para apoiar a resolução do desafio nessa área.

É fundamental a empresa ter clareza de seus aprendizados e resultados após cada ciclo desenvolvido com as startups. A escolha dos modelos não é definitiva. Exige constante refinamento para buscar a melhor performance no relacionamento com as startups.

> Como você pode perceber, não existe um formato ou modelo único de conexão com startups. Não é necessário ser uma multinacional global para acessar o que há de melhor em termos de soluções tecnológicas para seus problemas de negócios. Identifique o seu contexto e selecione o modelo mais adequado para sua realidade.

As razões para considerar o modelo de *batch*

Corporações são organizações complexas, com diversos projetos em andamento, carentes de atenção gerencial para todos os temas, e facilmente suscetíveis à rotina diária. A inovação ainda é, em boa parcela, uma jornada em desenvolvimento.

O ecossistema de startups, por sua vez, está mais amadurecido, e os empreendedores estão receosos em participarem de programas de aceleração que têm excesso de mentoria e capacitação, porém ausência de negócios. Nas fases iniciais da maturação de uma cultura de inovação, é mais eficaz adotar uma estrutura coordenadora de esforços de relacionamento com startups, baseada em um modelo com início, meio e fim controlado, visando garantir a entrega efetiva de resultados e minimizar riscos reputacionais e organizacionais relevantes.

1. Atratividade para startups

É evidente o amadurecimento das startups e a crescente demanda por programas mais bem delineados. Recentemente, ao convidarmos uma startup para um programa com uma das principais empresas do mundo no setor em que atua, fomos surpreendidos por um fundador com um roteiro de perguntas sobre o grau de estruturação do programa. O modelo de *batch* dá à startup melhor visibilidade sobre tempos, movimentos e entregáveis. A publicação das datas de cada etapa define as expectativas para as startups, enquanto estabelece um compromisso público da grande empresa com o programa. Além disso, a publicação dos resultados demonstra a transparência e o comprometimento da corporação.

2. Análise Comparativa

Toda startup parece boa, especialmente quando os executivos não têm experiência nem base comparativa. Sabe quando você começa a procurar um novo apartamento? O primeiro que você visita pode ser bom ou ruim, depende dos demais que você visitar. Se você visitar um imóvel hoje e outro daqui a três meses a comparação será bem mais difícil. No modelo de *batch*, as inscrições e o pitchday facilitam a análise e a identificação das diferenças das startups que se candidatam para um mesmo tema. Isso significa que a grande empresa adquire parâmetros melhor definidos e uma régua mais clara para selecionar com quais startups quer se conectar. O principal resultado da análise comparativa é ter o máximo de clareza de quais são as soluções com maior encaixe, o que garante uma seleção mais assertiva dos pilotos a serem executados.

3. Engajamento da alta gestão

Aquilo que é prioridade para a liderança tem risco de não ser executado. O que não é prioridade não tem nenhuma chance. O tempo e a atenção da alta gestão são escassos. O modelo de *batch* permite que os executivos participem em um mesmo dia da conexão com diversas startups, aumentando o engajamento deles com o programa. A presença e o suporte da diretoria são dois dos fatores mais relevantes para que a conexão com startups se transforme em negócios. Recentemente, reunimos 41 startups em dois dias de pitch numa indústria farmacêutica. Conseguimos a presença de quatro vice-presidentes, quinze diretores e até membros do conselho de administração. Os profissionais, em geral, têm uma maior propensão a tomar riscos quando sentem que têm um espaço seguro dado pela diretoria. No caso de uma empresa que mudou do modelo de *batch* para o contínuo, no primeiro ano tivemos absoluta aderência da alta gestão; já no segundo, nos quatro *pitchdays* ao longo do ano, não conseguimos a presença de toda gestão em nenhum dos dias.

4. Tempo Alocado

O modelo de *batch* permite otimizar o tempo alocado de todos os stakeholders do programa nas fases de contato com startups, filtragem, desenho de pilotos e acompanhamento. Com o alinhamento de datas, é possível reunir áreas de apoio como a financeira, a jurídica, de compras e TI, que promovem suporte específico ao longo processo. Ademais, os problemas e solução são, em geral, interdependentes e, quando todos os atores estão na mesa, ganha-se agilidade na tomada de decisões sobre pontos cruciais para a execução do programa, evitando-se erros básicos desnecessários. Conversamos com uma startup que já havia feito cinco reuniões com diferentes stakeholders numa grande empresa e ainda estava nas primeiras conversas. Na sexta reunião, sem a presença de quem tomava as decisões, a startup desistiu. O modelo de *batch* permite, portanto, acionar as partes interessadas com menos frequência e de forma mais assertiva, garantindo um melhor aproveitamento do tempo de cada um desses profissionais e a indução da tomada de decisão de forma responsiva.

5 Gestão de Riscos

Inovar envolve incertezas. Nem tudo dá certo. Executar o programa com um grupo de startups possibilita gerenciar os resultados do programa como um todo, tratando-o como um conjunto de iniciativas. Se você executar apenas um piloto, ele pode dar certo ou errado. É um jogo de estatística. Por outro lado, se a empresa executar dez pilotos, há a tendência de que diversifique apostas e atinja melhor equilíbrio de portfólio. Além disso, o fato de integrar as startups e times internos num programa controlado permite reduzir riscos de reputação e operacionais eventualmente incidentes. Como resultado, o modelo de *batch* diminui o risco para a grande empresa e aumenta a possibilidade de se obter um resultado positivo, fundamental para a perpetuidade do programa, principalmente no que tange ao engajamento dos stakeholders com edições futuras.

6. Suporte de áreas de apoio

Um dos aprendizados sobre a efetividade da conexão com startups é preparar a organização para trabalhar de uma maneira diferente, em condições especiais: contratos mais amigáveis; exigências cadastrais menos restritivas; condições de pagamento específicas para essa realidade; escopos com maior flexibilidade; acompanhamentos mais frequentes em ciclos curtos. Em nossas experiências de conexão, antes do início, sentamo-nos formalmente com as áreas de suprimentos, jurídica, financeira, de comunicação, RH e TI para alinhar as práticas de gestão adequadas para startups. Levamos todas elas juntas, desde o início. Compartilhamos quais são as melhores práticas. Elas nos apontam o que podem e o que não podem fazer. Encontramos o melhor caminho. Quando não é possível, voltamos para a alta gestão e pedimos que intercedam a favor das áreas de apoio.

Ninguém paga em noventa dias porque quer. Nenhum profissional de suprimentos exige os últimos três balanços auditados a uma empresa com quinze funcionários e dois anos de existência por acreditar que seja o mais adequado. Explicamos para essas áreas de apoio que as condições serão dadas apenas para as startups que participam do programa. À medida que a corporação amadurece no tema, pode transformar essas práticas em um conjunto de procedimentos para toda e qualquer relação desse tipo, mas, de início, é melhor começar controladamente. Aprendemos que controlar melhor essa interface, dentro de um programa, reduz a percepção de risco da organização.

7. Propensão ao rollout

É incrível como um projeto-piloto pode elucidar, de forma rápida e acessível, sobre a atratividade de uma tecnologia para resolver os problemas de uma empresa estabelecida. O paradoxo, no entanto, é que, mesmo os pilotos que geram resultados positivos, por vezes são engavetados. Isso mesmo. É como tirar do time o jogador que faz o gol da final do campeonato. Fatores como a percepção de risco por parte dos gestores envolvidos, a tendência a demandar mais trabalho e a eventual falta de incentivos fazem com que haja uma diminuição na propensão a seguir com o que deu certo. O modelo de *batch* aborda isso de forma interessante ao estruturar um processo organizado de avaliação dos resultados dos pilotos e sua entrega para a alta gestão.

Certa vez, vivenciamos uma situação interessante com um cliente: sempre que entregávamos os resultados do piloto apenas para as áreas beneficiarias, mesmo os bem-sucedidos perdiam tração. No entanto, quando apresentamos esses resultados para a alta gestão, houve adesão e rollout. O piloto é a forma mais rápida, barata e com menores riscos de alcançar um rollout potencial.

Inovar com startups envolve riscos. Para fazer isso dar certo em culturas tradicionais, é preciso entregar resultados e ganhar credibilidade. Diante das razões apresentadas, nossas experiências indicam que, apesar do modelo de seleção contínua abrir a possibilidade de incluir um maior número de startups e, potencialmente, disseminar a "cultura de inovação", é o modelo de *batch* que oferece os resultados mais efetivos para a grande empresa e as startups ao aumentar as chances de converter contatos em pilotos e pilotos em rollout. Isso ocorre por conseguir-se atrair as melhores startups, garantir a atenção da alta gestão, facilitar a análise comparativa das soluções, gerir os riscos associados, e ter o suporte das áreas de apoio.

Conectar-se com startups é uma alternativa muito útil para inovar, porém, cultura de inovação se faz com inovação. E inovação se faz com execução. Se a sua empresa está amadurecendo nessa jornada, o modelo de *batch* reduz riscos, economiza tempo e aumenta as chances de gerar resultados concretos.

CAPÍTULO 7

DEFINA A ESTRATÉGIA DE INOVAÇÃO ABERTA COM STARTUPS

Há diferentes formatos para conectar grandes empresas e startups e assim inovar mais e melhor. O ponto central é, qual é o mais adequado para a sua empresa? A experiência atendendo as empresas mais inovadoras do Brasil, somada à nossa vivência com startups em parques tecnológicos, aceleradoras e incubadoras, nos permitiu desenhar um método bastante eficaz para responder a essa pergunta. O método consiste em um conjunto de três passos para configurar, estrategicamente, a iniciativa de inovação com startups da sua empresa.

O primeiro ponto é saber **O QUE** você quer alcançar com a iniciativa. Há muitas startups e alternativas de modelos de conexão, no entanto, sem saber seus objetivos, provavelmente, desperdiçará muitos recursos. O segundo passo é, a partir desse alinhamento estratégico, identificar **COM QUEM** fazer inovação aberta. À medida que você tem clareza do que quer, ficará evidente com quem deve buscar ajuda. Por fim, e, somente nesse momento, você decidirá **COMO** fazê-lo, elegendo se optará por um programa de aceleração com equity, um de contratação de startups ou um corporate venture capital.

O método parte da premissa de que o tema mais importante é conectar a inovação com a estratégia de negócios da empresa. O quadro abaixo articula seis dimensões e orienta a lógica de escolha, partindo do "o que" para o "como". Assim, evita-se a disfunção de, primeiro escolher o remédio, para depois sair atrás de uma patologia.

Quadro de gestão estrutural

<table>
<tr><th>HORIZONTES</th><td colspan="2">Reforçar o negócio existente – H1</td><td colspan="2">Renovar o negócio existente – H2</td><td colspan="2">Criar negócios – H3</td></tr>
<tr><th>OBJETIVOS</th><td>Cultura de Inovação</td><td colspan="2">Excelência Operacional</td><td>Ampliação de Portfólio</td><td colspan="2">Reputação de Marca</td></tr>
<tr><th>MATURIDADE DA STARTUP</th><td>Ideação</td><td colspan="2">Validação</td><td>Tração</td><td colspan="2">Escala</td></tr>
<tr><th>FORMATO DE CONEXÃO</th><td>Eventos</td><td>Incubação</td><td>Aceleração</td><td>Contratação</td><td>Parceria</td><td>Investimentos</td></tr>
<tr><th>MODELO DE CONEXÃO</th><td colspan="2">Batch</td><td colspan="2">Contínuo</td><td colspan="2">Sob demanda</td></tr>
<tr><th>OFERTA DE VALOR</th><td>Espaço físico</td><td>Mentoria</td><td>Acesso aos fornecedores e clientes</td><td>Acesso aos ativos</td><td>POC</td><td>Aporte de capital</td></tr>
</table>

Tabela 6 – Quadro de gestão estrutural (Innoscience, 2023).

O QUE FAZER

A primeira parte do método consiste em definir o resultado esperado. Utilizamos, para tanto, a matriz de horizontes, instrumento adaptado de uma versão desenvolvida pela McKinsey. O framework, bastante conhecido no universo de inovação, apresenta três horizontes de desenvolvimento estratégico. A partir disso, é também útil definir os objetivos da estratégia de inovação aberta com startups.

Horizonte de crescimento: o primeiro passo é definir a priorização dos esforços em função dos horizontes de crescimento. Os horizontes se dividem em H1, H2 e H3. O H1 envolve projetos que tragam inovações no escopo dos produtos e do mercado existente da empresa. Por exemplo, para a Ambev, a cerveja Michelob Ultra. O H2 trata de inovações adjacentes àquilo que a empresa faz — para a Ambev, os Sucos do Bem. O H3 aborda novos negócios. Ainda no caso da Ambev, poderia ser o Zé Delivery. É claro, cabe a cada empresa definir não apenas o que compõe cada horizonte, mas também, especialmente, a distribuição dos esforços nos mesmos.

Objetivos: o segundo passo consiste em estabelecer os objetivos da empresa para a iniciativa. De forma geral, é possível enfatizar quatro tipos de objetivos: (1) excelência operacional; (2) ampliação de portfólio; (3) cultura; (4) reputação. Podemos identificar os objetivos de excelência operacional e ampliação de portfólio como sendo objetivos de negócios, enquanto cultura e reputação são definidos como ganhos complementares. Alguns profissionais do meio da inovação têm sustentado que uma das utilidades de conectar-se com grandes empresas é oxigenar as marcas destas. O consumidor não é bobo. Ninguém compra nada de sua empresa só porque você se relaciona com startups. Naturalmente, esse tipo de conexão traz como efeito secundário a adoção de novas práticas de gestão e a oxigenação da cultura. No entanto, é fundamental ter absoluta clareza e formalizar com a alta gestão qual é o objetivo estratégico desse tipo de iniciativa.

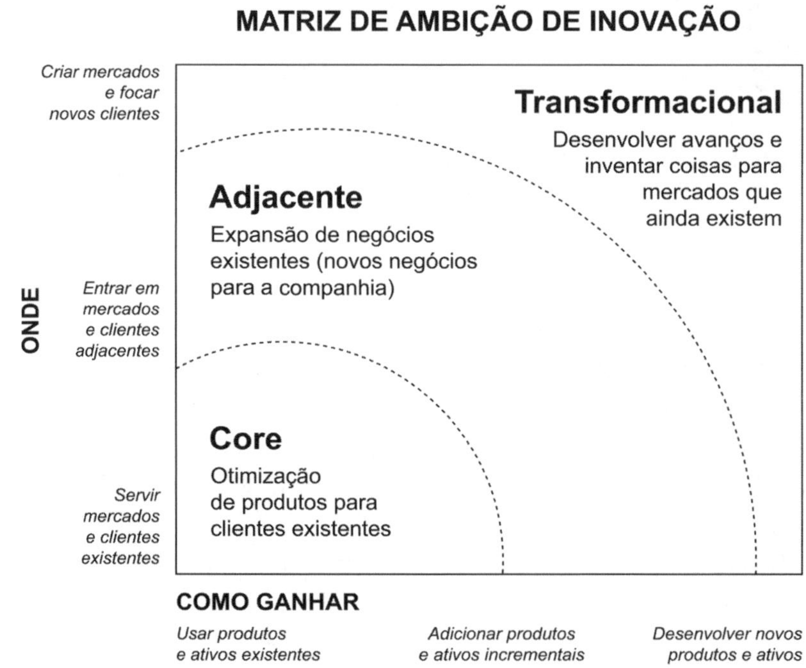

Figura 3 — Matriz de ambição de Inovação — *Managing Your Innovation Portfolio* (Nagi e Tuffi, 2012).

COM QUEM FAZER

Sabendo-se o resultado esperado fica mais fácil definir com quem se relacionar. Diretamente com as startups? Por meio de aceleradoras e incubadoras? Investindo em venture capitalists? Ao definir essa segunda parte do método, tenha em mente duas questões centrais: **os temas de interesse** e o **estágio de desenvolvimento das startups**.

Maturidade da startup: o terceiro passo envolve priorizar o grau de maturidade das startups a serem selecionadas. Podemos dividir as startups em quatro fases: ideação, validação, tração e escala. (1) Ideação é uma fase em que a startup ainda é pré-operacional e, muitas vezes, nem sequer está formalmente constituída. O tempo até a disponibilidade de uma solução comercial pode variar entre oito e dezoito meses, dependendo da natureza do assunto. (2) A fase de validação é quando a startup está construindo e testando seu MVP. Nessa fase, o risco ainda é relevante, mas a flexibilidade também. (3) A fase de tração ocorre quando a startup encaixou seu produto no mercado e prioriza o crescimento das vendas. Nesse estágio, a flexibilidade de alteração da solução, assim como o risco, são menores. (4) Na fase de escala, a startup tende a ampliar seu mix de produtos e mercados. Nesse momento, o risco tende a ser baixo, o preço mais alto e a flexibilidade reduzida.

Se você estiver buscando reforçar o negócio atual para resolver problemas industriais, por exemplo, não fará sentido contatar startups de RH em estágio inicial, tanto pela área quanto pelo tempo que demorará para a solução estar pronta.

Tomemos outro exemplo. Sua empresa é um laboratório farmacêutico e decidiu que o objetivo é criar negócios além do seu *core business*, focando as oportunidades da revolução digital nos serviços de saúde. Nesse caso, os alvos deverão estar relacionados ou ser potencialmente aplicáveis à saúde e poderão estar em estágios mais iniciais para futura incorporação na empresa. Também precisará encontrar startups que tenham interesse num formato de negócios mais intenso do que simplesmente a venda de serviços para seu laboratório. O foco é fundamental para se ter eficácia na busca de startups. Se você não sabe o que quer, será difícil de reconhecer quando encontrar. Optar por não segmentar a busca é sinônimo de etapas de *scouting* e filtragem mais onerosas e menos eficientes.

A segunda parte consiste na definição do que chamamos de desafios, áreas de interesse, problemas ou oportunidades, que direcionarão com precisão o que, naquele momento, faz sentido para a empresa. Dada a extrema relevância desse tópico separamos, a seguir, um conteúdo e um framework específico para detalhá-lo.

À medida que as escolhas de O QUE e COM QUEM são definidas, o próximo passo é desenhar o COMO da iniciativa.

COMO FAZER

Essa dimensão envolve selecionar o melhor formato e modelo de conexão e o pacote de valor a ser oferecido para as startups. O formato consiste em escolher alternativas como incubação, aceleração ou parceria; já no modelo, busca-se selecionar entre *batch*, contínuo ou sob demanda. Passemos primeiro à discussão do formato para, em seguida, explorar as alternativas de modelo de conexão.

Formato de conexão: o quarto passo trata da escolha da melhor forma de se relacionar com as startups em função das escolhas anteriores. O quadro apresenta seis alternativas, que variam quanto à maior ou menor intensidade de envolvimento. A incubação, por exemplo, é um modelo interessante para o relacionamento com startups em estágios de ideação e validação, porém inadequado para startups mais maduras. O investimento em startups cumpre objetivos de criação de negócios. O modelo de parceria oferece tanto oportunidades para H1 quanto H2.

Modelo de conexão: o quinto passo aborda a seleção entre as alternativas de *batch*, contínuo ou sob demanda. Cada uma das alternativas tem seus pontos positivos. O *batch* tem um racional bastante consistente e pode ser operacionalizado em conjunto com as demais opções.

Oferta de valor: o sexto e último passo dessa construção envolve definir o que a empresa oferece em contrapartida para as startups. Mais de 2.500 empresas brasileiras se relacionam atualmente com startups. Não adianta querer estabelecer conexões sem ter uma proposta clara do que se pretende aportar. Há diferentes ativos da empresa que são únicos para as startups: redes de distribuição, conhecimentos, relacionamentos, capital e marcas são algumas das possibilidades.

A chance de capturar valor em iniciativas de inovação aberta passa pela clareza sobre o que cada empresa espera e pela coerência com que os recursos necessários são organizados e alocados. A inovação aberta é uma jornada que também precisa de estratégia, e o framework apresentado pode ajudar.

Métodos para priorizar desafios de inovação aberta

Um passo decisivo no desdobramento da estratégia de inovação aberta com startups é delimitar as áreas de interesse que direcionarão a busca por soluções. "Quem não sabe o que busca, não identifica o que acha." Essa frase poderia ter sido dita por um guru de inovação no ecossistema brasileiro atual ao tratar da relação entre empresas estabelecidas e startups. Não foi o caso. Ela foi proferida pelo alemão Immanuel Kant, nascido em 1724, considerado por muitos como o principal filósofo da Era Moderna. Essa citação de Kant traz uma fina orientação sobre os programas de inovação aberta entre grandes empresas e startups.

Pesquisas sobre o tema indicam que um dos principais desafios das grandes empresas reside na dificuldade de encontrar boas startups. A nossa experiência com o tema não confirma essa hipótese. Na realidade, é cada vez mais fácil achar soluções interessantes em um país onde tanto o volume de startups quanto os recursos aplicados em capital de risco, assim como a adoção de tecnologias digitais por consumidores e empresas, estão crescendo.

O problema é que boa parte das empresas não sabe o que está procurando. E, mesmo quando sabe e encontra, não consegue estabelecer uma relação produtiva com a startup. É necessário organizar o processo de captura, priorização e detalhamento daquilo que as empresas querem. Com isso, a busca por startups se tornará muito mais assertiva. Iniciativas de relacionamento de empresas estabelecidas com startups, sem que se saiba o que as empresas efetivamente desejam dessa conexão, estão fadadas ao insucesso.

Puxar ou empurrar?

As empresas têm recursos limitados. Mesmo prioridades estratégicas nem sempre se concretizam, e o que não é prioridade raramente virará realidade. É verdade que um dos papéis dos *heads* de inovação envolve a oxigenação tecnológica e mercadológica da empresa, trazendo o mundo exterior para dentro das organizações e expondo-as àquilo que pode causar disrupção em seus negócios. Em função disso, as áreas de inovação buscam identificar potenciais oportunidades futuras e trazer startups para que se apresentem à alta gestão.

Esse sistema, que denominamos de "sistema de empurrar" boas soluções para áreas desinteressadas, acaba por não gerar resultados e ainda fragiliza a posição das áreas de inovação, internamente e com o ecossistema de startups. O "sistema de puxar", por outro lado, parte da premissa de que só vale a pena iniciar o relacionamento com startups quando a empresa tem clareza bem criteriosa sobre que pretende buscar.

Há diferentes formas de capturar, priorizar e detalhar essas oportunidades. O ecossistema chama de "desafios", as demandas, áreas de interesse e temas estratégicos de inovação que as empresas estabelecidas oferecem ao ecossistema de startups. Os "desafios" são delimitações claras de necessidades e eventuais requisitos sem que se definam as soluções. Às vezes, são problemas operacionais, enquanto, em outras situações, envolvem oportunidades de novos produtos, serviços ou negócios.

Aprenda 4 métodos de captura de desafios

Os métodos de captura de desafios variam em função da abrangência dos envolvidos em sua identificação e do grau de direcionamento estratégico aplicado ao processo. Vamos detalhar 4 métodos que aplicamos com resultados efetivos.

1. ***TOP DOWN*:** Neste caso, os desafios são definidos pela alta gestão. Normalmente, partem do planejamento estratégico da empresa. Analisam-se as prioridades que ainda não têm projetos internos sendo executados e procede-se à escolha dos desafios com maior aderência para o ecossistema de startups. A primeira edição do HyperaHub, da Hypera Pharma, utilizou essa abordagem com bastante sucesso. O ponto alto do modelo é o fato de contar com alto alinhamento estratégico e suporte da alta gestão.

2. ***BOTTOM UP*:** Nesta alternativa, a empresa convida uma parcela de seus times para submeterem potenciais desafios, problemas ou oportunidades. A SLC Agrícola utilizou essa abordagem ao convidar gerentes de diversas áreas para apresentarem suas necessidades, que, posteriormente,

foram filtradas e selecionadas. No programa Linna da Libbs, indústria farmacêutica brasileira, utilizou-se o mesmo processo de coleta de desafios. O ponto positivo dessa abordagem é o senso de pertencimento dado aos times que, em seguida, executarão os projetos-piloto com as startups.

3. **FOCADO:** Esta abordagem prioriza os atores em detrimento dos temas a serem selecionados. Em vez de buscar os melhores desafios, a empresa opta deliberadamente por identificar os melhores sponsors internos para, a partir daí, explorar as alternativas mais interessantes. Atuamos dessa forma na M. Dias Branco, convidando as áreas de P&D, Marketing, e Novos Negócios, identificando potenciais desafios, junto com os líderes dessas áreas. O ponto positivo do método é o engajamento dos líderes, que garante a alocação de pessoas e tempo para os projetos.
4. **HÍBRIDO:** Nesta estratégia, a empresa delimita grandes campos de oportunidade que serão populados por líderes internos e por pesquisas externas sobre os principais territórios de startups existentes nesses campos de oportunidade. Por exemplo, a empresa define que quer novas experiências em PDVs físicos. Os líderes de áreas relacionadas ao tema apresentam potenciais desafios. A área de inovação pesquisa tópicos dentro desse macro tema. A partir daí, a empresa filtra as oportunidades mais atrativas para startups. Executamos essa abordagem com a Ocyan e a Boston Scientific. O mais interessante no método é que ele mescla direcionamento com participação e oxigenação.

As 5 fases da priorização de desafios

Os 4 métodos apresentados têm 5 fases comuns, com possíveis variações em sua forma de execução:

1. **DIRECIONAMENTO:** Esta fase envolve definir, com maior ou menor delimitação, os campos de oportunidade a serem considerados para a captura de desafios. A empresa pode simplesmente definir algo bem abrangente, como "Novas receitas", ou ser bem mais prescritiva, usando, por exemplo,

"Novas receitas de serviços com segmentos de clientes de baixa renda não atendidos". Em nossa avaliação, um nível moderado de direcionamento é recomendável.

2. **CAPTURA:** Esta fase pode ser feita por meio de entrevistas em profundidade com os principais interlocutores dos temas ou utilizando um formato no estilo *crowdsource*, envolvendo um grande público, por meio de uma *survey* online. Independentemente da escolha, é muito importante que as pessoas entendam o que são desafios e, especialmente, saibam que apresentar problemas ou oportunidades é muito diferente de selecionar fornecedores para a execução de ideias preconcebidas.
3. **FILTRO:** Com um potencial portfólio de desafios em mãos, será necessário escolher aqueles mais atrativos. Normalmente, utilizamos os seguintes critérios para a priorização: alinhamento com a tese do programa; engajamento do sponsor do desafio; impacto potencial; *fit* com startups e ecossistema selecionado. A partir disso, buscamos estabelecer um portfólio equilibrado.
4. **VALIDAÇÃO:** A fase decisiva consiste em validar com a alta gestão as escolhas e, eventualmente, com áreas de apoio como TI. Esse é um momento muito importante para garantir o *buy in* daqueles que, em última instância, alocarão recursos financeiros e pessoas. Não são raras as vezes em que descobrimos, nesse momento, que a empresa já tem outras iniciativas, sendo realizadas para os temas selecionados, inclusive com startups, das quais ninguém sabia.
5. **DETALHAMENTO:** Antes de iniciar a busca, é importante detalhar, em linguagem acessível para terceiros — no caso as startups — qual é a situação atual, além dos requisitos, resultados esperados, e demais informações que facilitem o entendimento da problemática e que permitam que as potenciais startups avaliem a aderência e o interesse na relação.

Framework de descrição de desafios

Visando facilitar a comunicação dos desafios, elaboramos um roteiro simples e objetivo, que poderá ser usado tanto na fase de captura como na de detalhamento. São dez perguntas simples que tratam do desafio, dos resultados esperados, dos recursos e das experiências existentes:

1) Qual é o desafio?
2) Por que o desafio é relevante para a empresa?
3) Quais são os indicadores utilizados atualmente para medir esse desafio?
4) Quais são os resultados esperados com a resolução do desafio?
5) O que já foi realizado ou está em andamento em relação ao desafio?
6) Quais são os requisitos inegociáveis para eventuais soluções?
7) Trata-se de um desafio comum ao setor ou específico para as necessidades da empresa?
8) Existe um time com sponsor e recursos já alocados para o tema?
9) Quais são as áreas internas diretamente relacionadas ao tema?
10) Com quais aplicações essa tecnologia deverá ser integrada no futuro?

Um bom programa de inovação aberta é aquele que converte conexões em projetos e resultados. Há uma série de fatores críticos para essa jornada. Um deles é a clareza sobre o que está sendo buscado. Dominar as formas de captura, priorização e detalhamento de desafios pode ajudar, e muito. Afinal, como já deveríamos saber há trezentos anos, quem não sabe o que busca não conseguirá identificá-lo caso o encontre.

CAPÍTULO 8

ORGANIZE A GOVERNANÇA E PARTICIPAÇÃO DAS ÁREAS DE APOIO

A inovação aberta com startups não é um relacionamento estabelecido apenas pelas áreas de inovação e startups. Para ser eficaz, é necessária uma ação coordenada com diferentes atores internos. A governança, o sistema de decisões, papéis e responsabilidades precisam ser definidos, desde o início, com bastante clareza. Algumas perguntas são recorrentes ao se lançar esse tipo de iniciativa:

1) Quem paga pelo projeto-piloto e quem paga pelo rollout?
2) Qual é o papel das áreas de negócios na execução dos projetos?
3) Como as áreas de back office, responsáveis por homologar, contratar e pagar fornecedores, podem ajudar ou travar o processo?
4) Quando a área de tecnologia da informação deve ser envolvida?
5) Qual o papel da diretoria no processo?

Essas e outras perguntas devem ser respondidas desde o início. No que se refere à governança, visualizamos quatro grandes eixos de atuação:

1. **Direcionamento estratégico.** A diretoria cumpre o papel de aprovar a estratégia, validar os desafios selecionados e participar da aprovação dos rollouts dos pilotos aprovados. A presença seletiva dos diretores no lançamento da iniciativa e no evento final de avaliação de resultados, bem como na aprovação de rollout, cria a segurança psicológica necessária para que os times tenham a confiança para seguir adiante com projetos de inovação com startups em grandes empresas. A diretoria da M. Dias Branco participou presencialmente de dois dias de pitch durante o programa Germinar. O CEO da Ambev participou da apresentação das propostas de piloto no programa Além. Em todas as cinco edições do InnovatiOn da Unimed VTRP, a presidência e a diretoria participaram ativamente dos principais momentos do programa. Esse tipo de sinalização tem uma simbologia bastante relevante para a organização.
2. **Coordenação operacional.** Cabe à área de inovação, à digital ou a quem for responsável pela iniciativa, coordenar toda a articulação interna e externa com as áreas de negócios, diretoria, áreas de apoio e ecossistema para a gestão do programa. Monitoramento de KPIs, acompanhamento do portfólio de projetos, comunicação interna e externa, assim como a mobilização de todos os atores, são elementos-chave para fazer a coisa acontecer. Na SLC Agrícola há um *head* de inovação e uma especialista dedicados quase exclusivamente a essas atividades. Na Panvel, o *head* de inovação é responsável pelas iniciativas de conexão e aceleração de startups. O LAB da Alelo faz papel semelhante, coordenando todas as iniciativas de *open* e intraempreendedorismo na empresa. É um trabalho que exige conhecimento sobre quais são os caminhos internos para destravar barreiras, acessar pessoas chave e fazer as coisas acontecerem.
3. **Execução de projetos.** Os protagonistas desse tipo de iniciativa são aqueles que formam, junto com as startups, os times de projeto. Na nossa

experiência, a estrutura mais eficaz é aquela formada por um sponsor da alta gestão, diretamente responsável, afetado ou interessado no tema do desafio priorizado, junto com um time de gerentes, coordenadores ou especialistas — de acordo com a estrutura da empresa — responsável pela descrição dos desafios, seleção das startups, desenho e execução dos projetos-piloto, coleta e avaliação de resultados e, quando oportuno, implementação do rollout. Esses times são compostos por duas a três pessoas, alocados em regime part-time. É muito importante evitar o *turnover* da equipe durante o projeto para mitigar os riscos de desalinhamento de escopo. Cada time alocará entre sessenta e oitenta horas ao longo de um *batch* de inovação aberta com startups.

4. **Suporte organizacional.** A execução eficaz de uma iniciativa de inovação aberta com startups envolve áreas como suprimentos, financeiro, jurídico, compliance, tecnologia da informação, comunicação interna e externa e recursos humanos. Essas áreas podem potencializar os resultados dos projetos, facilitar o acesso a ativos relevantes, disseminar a iniciativa e garantir coerência entre essa e outras iniciativas que estejam em andamento na empresa. O envolvimento dessas áreas, desde o início, tende a evitar erros básicos, poupar tempo e ampliar os resultados do programa. Embora cada área tenha um papel específico — que detalharemos em seguida — a formação de um time ampliado de colaboração entre a área coordenadora do programa e as áreas de suporte tende a apresentar ótimos resultados. Na Dexco — empresa líder no segmento de metais, painéis de madeira e cerâmica para banheiros, dona de diversas marcas, entre elas Deca, Hydra, e Portinari —, foram reunidas todas as áreas de apoio para um workshop presencial sobre construção e processo de contratação, homologação e pagamento de startups para seu programa Open Dexco. O resultado foi um processo ágil e seguro, implementado em tempo recorde.

A participação decisiva das áreas de apoio

Processos burocráticos e demorados não são novidade para quem já teve a oportunidade de trabalhar em um ambiente corporativo, especialmente dentro de grandes empresas que possuem diretrizes globais a serem seguidas para a efetivação de qualquer projeto ou contratação de serviço.

No entanto, o modelo de inovação aberta, em que empresas estabelecidas desenvolvem soluções com a startups, está se tornando uma alternativa cada vez mais popular no mercado. Além de trazer o que há de mais atual em termos de soluções para dentro da empresa, também reforça os pilares de inovação e competitividade presentes na estratégia da maioria das companhias brasileiras. Para que o processo de inovação aberta seja implementado com sucesso, as empresas precisam adaptar práticas de gestão e processos que sejam adequados para a operação do dia a dia, mas não adaptáveis a iniciativas com parceiros como startups.

O envolvimento das áreas de apoio é fundamental para que o projeto desenvolvido com a startup aconteça de maneira efetiva e com o menor nível de risco possível. Destacamos quatro aprendizados relacionados ao quando e como envolver as áreas de apoio nos projetos de inovação aberta com startups.

1. Engaje a estrutura de TI para acompanhar todo o processo

O envolvimento da equipe de TI da empresa é essencial para o sucesso de iniciativas de inovação aberta com startups. É necessário que a área de tecnologia entenda a solução da startup e de que maneira ela se aplica tecnologicamente dentro da organização. Da mesma forma, é importante que a startup tenha uma visão da arquitetura dos sistemas da empresa, bem como quais são as plataformas, APIs e processos de otimização utilizados — imagine descobrir que a solução da startup não se integra com o ERP da empresa somente após ficar pronta!

Saber identificar a pessoa certa de TI que conhece a estrutura e as limitações da empresa também é primordial para o sucesso do projeto. Os projetos-piloto têm, geralmente, necessidades de infraestrutura e acesso a dados. Trazer junto o time de TI pode ajudar a executar um projeto de maneira ágil e com segurança.

Em um programa que desenvolvemos com uma grande empresa do ramo alimentício, passamos por uma situação desafiadora. O cliente trouxe uma pessoa de TI que ouviu sobre as soluções das startups e falou um pouco sobre estrutura interna da empresa, mas sem grandes contribuições.

Quando achávamos que tudo estava certo e começamos a rodar o piloto, fomos informados de que a solução precisava ser construída dentro do ambiente *cloud* da empresa, o que requereria adequações do sistema e um processo de homologação de trinta dias.

Esse é o tipo de problema que poderia ter sido detectado na reunião feita antes do piloto, em que as startups detalharam suas soluções. O que aconteceu foi que levaram a pessoa de TI errada, alguém que não tinha conhecimento suficiente sobre os procedimentos internos para fazer os questionamentos certos e levantar os pontos de atenção. Posteriormente, acabamos envolvendo a pessoa correta, adaptamos a solução e, hoje, ela está rodando como deveria. Mas se a adaptação não fosse possível de forma alguma, o projeto teria acabado ali mesmo, antes mesmo de começar.

2. Alinhe o projeto com o jurídico antes que seja tarde

O relacionamento com startups envolve, em um primeiro momento, acesso a informações confidenciais de ambas as partes. Em um segundo momento, para a execução dos projetos-piloto, é estabelecida uma relação contratual entre as partes que pode variar de uma simples contratação de produto até um codesenvolvimento. Nesse momento, a participação do time da área jurídica da empresa é bastante importante. Não são raros os casos de contratos de projetos-piloto em que a multa é muitas vezes superior ao valor do piloto, o que desincentiva a participação de boas startups.

Antes de começar a busca por startups, é recomendável alinhar com as áreas jurídicas os modelos contratuais possíveis, considerando a estratégia do programa, e discutir termos aceitáveis de mercado. Isso ajuda a evitar que se crie uma seleção adversa e que a empresa fique apenas com startups menos qualificadas, que concordem com cláusulas que, apesar de parecerem proteger a empresa, na prática a distanciam das melhores soluções.

Recentemente, trabalhamos com a gerente da área jurídica de uma multinacional e explicamos o programa, estratégia e objetivos. Também compartilhamos os principais problemas que já havíamos enfrentado. Tomamos a iniciativa de apresentar minutas-modelo de regulamento, NDA (termo de confidencialidade) e contrato de piloto, todos eles adequados e bem aceitos pelas startups. Ela revisou a minuta, fez contribuições e validamos a melhor opção. Aproveitamos e combinamos a mecânica de assinatura digital.

Ao fazer esse alinhamento prévio, reduzimos o tempo de formalização e assinatura de contrato para uma semana, prazo quatro vezes inferior ao padrão, sem ampliar o risco. O recomendável é criar um vínculo com as áreas de apoio e torná-las parte do time. Elas são tão importantes para o processo quanto a startup em si, afinal, sem contrato não há projeto.

3. Conecte-se com o time de suprimentos e o financeiro desde o início

Certidões, balanços, contrato social são alguns exemplos dos documentos solicitados para cadastro de novos fornecedores em empresas de médio e grande porte. Esse processo faz com que times internos, por vezes, repitam fornecedores já contratados para evitar uma via-sacra de cadastramento dos novos, o que simplesmente não se adéqua ao tempo de um projeto jovem.

A área de suprimentos deve fazer parte do time da iniciativa de inovação aberta com startups da mesma forma que o jurídico. Os principais pontos de atenção com a área de suprimentos são a quantidade de documentos necessários e sua adequação ao estágio de desenvolvimento das startups priorizadas para o programa. Solicitar os últimos três balanços de startups em fase de validação que têm apenas dois anos de fundação é uma demanda fora de propósito. Nenhuma área de suprimentos faz esse tipo de exigência por vontade própria. Normalmente, a solicitação faz parte de um processo padrão utilizado para diferentes fornecedores.

Nesse caso, o ideal é reunir-se com o time de suprimentos para adequar a lista de exigências e combinar a participação da área tanto na fase de cadastramento da startup, que pode ser iniciada durante a seleção das startups, quanto na fase de imersão, em que são cocriados os projetos-pilotos. Isso pode garantir economia de tempo e acelerar o início do novo projeto.

Vivenciamos uma iniciativa em que a área de suprimentos não foi previamente engajada. Após todo o processo de filtragem de soluções de startups, surgiu a ideia de abrir-se uma RFP (Request For Proposal) para o mercado. Obviamente, tivemos que explicar que o processo executado tinha todo o compliance necessário e que essa abordagem não fazia nenhum sentido.

Já no caso do programa de uma empresa de logística, todas as startups já estavam contratadas no dia do *kick off* do projeto-piloto, o que eliminou dores de cabeça e a necessidade de correria para alinhamentos posteriores, resultando em zero risco legal. Além disso, ao longo do processo, buscamos reconhecer os times das áreas de apoio que colaboraram para que o programa pudesse acontecer.

4. Use os mecanismos de reconhecimento e recompensa adequados à cultura da empresa

Duas áreas muitas vezes esquecidas nas iniciativas de inovação aberta com startups são a comunicação e a gestão de pessoas. A primeira pode ajudar muito na difusão externa e interna do programa. Esse tipo de estratégia não apenas amplia o interesse das startups e dos times internos em participarem, mas também pode contribuir para o reconhecimento dos times de projeto por sua dedicação. O destaque em veículos de comunicação interna e eventos corporativos são caminhos bastante interessantes.

A SLC Agrícola usou seu jornal interno para contar a experiência e os resultados dos projetos, dando visibilidade aos times internos. Outro mecanismo de suporte muito eficaz é conectar a participação dos times de projeto nos processos de avaliação de desempenho e remuneração variável já estabelecidos. Essa é uma estratégia perfeitamente executável, mas que muitas vezes é um paradigma aparentemente intransponível.

Conversar com o time de gestão de pessoas para avaliar a melhor forma de alinhar o desempenho dos projetos com as prioridades e metas dos indivíduos é uma prática justa e garante a coerência com o que é relevante no dia a dia do profissional. Nada mais estranho do que participar de algo de extrema importância estratégica para a empresa, que exige tempo e dedicação, mas que não é considerado na avaliação de desempenho do líder. Por outro lado, esse tipo de articulação, como fizemos na SLC Agrícola, requer um investimento baixo em comparação com seu potencial de retorno.

Com frequência, subestimamos o papel das áreas de apoio no processo de inovação aberta. Nas empresas, os departamentos operam com metas e objetivos específicos, os quais muitas vezes entram em conflito com as demandas adicionais geradas pelos projetos de inovação. Envolver as áreas de apoio no momento certo e com os temas previamente abordados, pode fazer toda a diferença.

Dessa forma, eles se sentem parte do time, não apenas inteirando-se do projeto, mas adquirindo uma visão dele como um todo. O recomendável é pactuar o plano de trabalho, deixando claros os prazos e as necessidades.

CAPÍTULO 9

BUSQUE STARTUPS ADERENTES À ESTRATÉGIA

Em 2017, o atacante brasileiro Vinicius Jr. entrou para a história do futebol mundial. Com apenas 16 anos, seu passe foi vendido pelo Flamengo ao Real Madrid por 45 milhões de euros. Esse tipo de transação tem sido bastante frequente no mercado do futebol e nos ensina coisas importantes sobre inovação aberta com startups.

Os grandes clubes europeus e brasileiros têm empreendido uma estratégia clara de busca de jovens jogadores para qualificar suas equipes. Para tanto, esses clubes adotam abordagens estratégicas de *scouting*, busca ativa e análise de alternativas ao redor do mundo, especialmente com os clubes formadores de jovens talentos. Eles perceberam que não podem aguardar que os jogadores se transformem em craques, pois correrão o risco de não mais conseguir adquiri-los.

O mesmo acontece com as empresas inovadoras que entenderam que precisam se aproximar dos ecossistemas que formam novas startups para terem acesso a esses diferenciais antes que seus concorrentes. Esperar que as melhores soluções batam à sua porta não é uma alternativa inteligente.

Para ter acesso às melhores startups é preciso ter uma postura ativa, consistente e estar conectado aos lugares onde se encontram as soluções mais aderentes aos interesses de cada empresa. Nesse sentido, estratégias como direcionar a busca, alinhar o formato e entender a visão das startups são estratégias bastante eficazes para otimizar os esforços de *scouting*.

Direcionar a busca a partir de desafios estratégicos

O primeiro passo para ser efetivo no processo de *scouting* é definir com clareza as áreas de interesse, que devem ser temas estratégicos para a empresa. De preferência, deve haver times internos com autonomia, vontade e recursos, não apenas para explorar, mas também para, posteriormente, selecionar e executar os potenciais projetos em parceria com as startups.

Essas áreas de interesse, também chamadas de "desafios", podem ser dores internas ou oportunidades de novos negócios, de acordo com a estratégia de inovação da empresa. A busca, a partir desses desafios, se torna mais eficiente. Em vez de avaliar toda e qualquer alternativa potencialmente interessante, a empresa passa a direcionar e focar aquilo que importa. Esse direcionamento permite distinguir claramente as melhores e as piores alternativas. Também possibilita priorizar, inclusive, os melhores ecossistemas a serem explorados, pois atualmente percebe-se uma especialização temática nas incubadoras, hubs e aceleradoras.

Selecionar a melhor abordagem: pública ou privada, receptiva ou ativa

A busca ativa pode ser feita de maneira pública, por meio de um programa comunicado ao mercado, ou de modo privado, sem expor inicialmente a empresa. A busca pública se alavanca na imagem e reputação da empresa para gerar interesse. Quando Itaú, Boston Scientific ou SLC Agrícola manifestam suas áreas de interesse, as fintechs, *healthtechs* e *agtechs* sabem com quem estão lidando e qual é o tamanho da oportunidade. Essa estratégia permite uma apresentação detalhada dos interesses da empresa. A busca privada, por outro lado, se destina a temas nos quais a empresa entende que a confidencialidade é um pré-requisito.

Além da discussão sobre a publicização ou a privacidade da busca, há também uma reflexão sobre a conveniência de se ter um espaço digital para receber passivamente potenciais soluções. Diversas empresas brasileiras têm esse canal. A nossa experiência é que o aproveitamento desse tipo de alternativa é baixo, principalmente, devido à ausência de alinhamento estratégico com os temas de interesse. Quando esse alinhamento é alcançado, a limitação passa a ser a seleção adversa gerada por esse modelo. As melhores startups têm sido reticentes em relação a esse mecanismo. Para encontrar as melhores soluções, é preciso ir até onde elas estão e mostrar que a empresa está preparada para esse tipo de relacionamento.

Entender a visão das startups

Startups correm contra o tempo. Elas também têm recursos escassos e disponibilidade de financiamento por tempo determinado, até conseguirem captar *funding* adicional ou gerarem caixa suficiente para cobrir os custos. Atualmente, há muitas grandes empresas com iniciativas organizadas de relacionamento com startups no Brasil. Esse excesso de oferta causa um processo duplo de seleção. Não são apenas as grandes empresas que selecionam as startups. As melhores startups também selecionam as empresas com quem priorizam trabalhar. E o fazem a partir do entendimento do grau de maturidade da empresa estabelecida para esse tipo de relacionamento.

Recentemente, fomos recebidos por uma startup que apresentou uma checklist de sete perguntas antes de aceitar fazer um pitch para a diretoria de uma das dez maiores empresas do Brasil. A prospecção ativa é semelhante a uma venda. Os empreendedores precisam vislumbrar que o programa de inovação aberta da empresa é um bom negócio para eles. É fundamental uma boa preparação para o contato, organizando a fala com os melhores argumentos, garantindo transmitir os benefícios que a relação tem a oferecer. Em certos casos, o benefício será o contato com os executivos da empresa estabelecida, que possuem muito conhecimento do setor. Em outros, poderá ser o acesso a uma grande base de clientes, a capacidade de distribuir o produto, ou se vincular a uma marca de credibilidade. Os motivos podem ser muitos e variam em cada programa.

Empreendedores têm agendas cheias e os melhores estão sendo contatados constantemente por fundos e empresas, além de terem suas próprias empresas para gerenciar. O ideal é que as empresas estabelecidas elaborem um documento com uma visão clara das necessidades e expliquem porque essa parceria pode ser uma boa oportunidade para a startup. Outro ponto que contribui significativamente é fornecer evidências concretas do nível de organização da empresa para a iniciativa, abrangendo todos os elementos necessários para fazer a relação funcionar: pessoas, processos e recursos. A conexão com as empresas estabelecidas funciona bem quando contamos com as pessoas certas, capazes de tomar decisões e genuinamente interessadas em executar o projeto em parceria com a startup envolvida.

Uma máxima do marketing diz que a satisfação de um consumidor está diretamente ligada à expectativa que ele tem em relação ao produto ou serviço que está sendo adquirido. Por isso, cuidado com as falsas promessas. Casos de interações em que não houve transparência criaram percepção negativa com os empreendedores. Nesse sentido, é importante jogar limpo desde o primeiro contato. Explique o modelo de conexão, as entregas esperadas e os potenciais desdobramentos da relação, sem dourar a pílula.

Uma das premissas do processo de cooperação entre empresas é que haja uma relação ganha-ganha. Evite convidar startups e empreendedores para uma sessão de pitches apenas para entreter os executivos da sua empresa. Se fizer apenas um evento para conhecer soluções ou capturar insights, jogue limpo, revele os objetivos antecipadamente e crie mecanismos que valorizem o tempo do empreendedor.

Aproveitar as oportunidades com incubadoras, aceleradoras, hubs e bases de startups

No planejamento do *scouting*, uma vez entendidos em profundidade os desafios, é importante fazer uma lista de potenciais locais onde encontrar as startups, inclusive delimitando a abrangência geográfica. Dependendo dos desafios, as startups estarão disponíveis no ecossistema nacional, mas, em muitos casos, as soluções poderão estar em ecossistemas de outros países.

Obviamente, a busca ativa em diferentes países aumenta a complexidade, pois pode envolver questões relacionadas à cultura, a estilo de trabalho, formato de contratação, língua, e outros temas. Em determinados casos, é necessário pensar global ou mesmo escolher alguns ecossistemas de referência que possam trazer boas soluções para problemas complexos.

Uma vez determinado o escopo geográfico, é importante identificar quem são os agentes do ecossistema onde essas startups podem ser encontradas. Ainda que hoje tenhamos praticamente todas as informações disponíveis na internet mediante o acesso a bancos de dados, LinkedIn e outras plataformas, o contato com os agentes dos ecossistemas é um atalho para identificar soluções com melhor qualidade. O desafio do *scouting* não é apenas detectar startups com potenciais soluções, mas conseguir discernir quais seriam as mais aderentes para suas necessidades.

Lembre-se de que há muitas startups com excelentes pitches, marketing digital impecável, mas com soluções pouco evoluídas. Ter um site legal e afirmar que são utilizadas tecnologias de ponta não garante que seja uma boa solução. Nesse aspecto, fazer contatos com os agentes do ecossistema de inovação e empreendedorismo pode trazer informações importantes para uma posterior seleção.

Há vários locais onde a empresa pode encontrar startups atualmente no Brasil. Os agentes do ecossistema podem ser hubs, aceleradoras, incubadoras, parques tecnológicos, ICTs, universidades, associações de startups, fundos de investimento, associação de investidores anjos, e qualquer outra entidade que esteja em contato com as startups da região ou do setor que está buscando startups para serem parceiras. Cada um desses lugares tem um tipo de solução, mecânica de interação, e interesse no contato. As principais fontes são:

i. **Incubadoras:** estruturas de apoio a empreendedores, normalmente ligadas a universidades, onde podem ser encontradas soluções em estágio bem inicial e com base científica. A Raiar, por exemplo, é a incubadora do Tecnopuc da PUC-RS.

ii. **Aceleradoras:** organizações que investem e apoiam startups em estágio inicial com mentoria e capacitação. Há aceleradoras especializadas e genéricas. A WOW, por exemplo, é uma aceleradora que reúne mais de duzentos investidores pessoa física e já investiu em mais de noventa startups nos últimos oito anos.

iii. **Hubs:** espaços físicos e digitais que reúnem startups e empresas que querem fazer negócios. Realizam eventos e programas de fomento aos negócios entre os residentes e o mercado em geral. O Cubo é o principal hub de startups digitais na América Latina, integrando mais de quatrocentas startups já maduras e habituadas a fazerem negócios com corporações.

iv. **Bases de startups:** soluções digitais que reúnem startups em formato de software e reports. A ABS, Associação Brasileira de Startups, tem uma base disponível para quem quiser conhecer.

Essas estruturas têm em comum o objetivo de gerar oportunidades de negócios para as startups. Incubadoras, aceleradoras e hubs têm foco em suas startups. As aceleradoras e incubadoras não costumam cobrar pelo acesso às startups. As bases, plataformas e reports, às vezes são pagas. É o caso da base global do Crunchbase ou a CB Insights, por exemplo. Os hubs tendem a ter ofertas diversas de como as empresas podem se relacionar com suas startups.

Há milhares de startups no Brasil, além de centenas de incubadoras, aceleradoras e hubs. No entanto, algumas empresas perceberam que, dependendo do tema, pode ser útil explorar além-mar. O Brasil tem ecossistemas em expansão, mas não há dúvida de que existem alternativas mais desenvolvidas em determinados setores: Londres, Singapura e Hong Kong em serviços financeiros; Houston em óleo e gás; Boston em *biotech* e robótica; Israel em inteligência artificial e cibersegurança.

Para extrair o máximo dessas conexões, é preciso saber o que você quer. Além disso, é importante entender a visão das startups sobre esse tipo de relacionamento. Grandes empresas, assim como grandes clubes de futebol, não podem se dar ao luxo de esperar que os melhores negócios batam à sua porta. Para encontrar as melhores startups, é preciso ir atrás, com clareza de propósito e entendimento do mercado.

CAPÍTULO 10

ENGAJE OS INTERESSADOS NO FILTRO DAS SOLUÇÕES

Uma vez identificadas startups potenciais para resolver os desafios priorizados, é hora de avaliá-las para poder escolher as mais promissoras. É preciso cuidado para diferenciar entre soluções efetivamente funcionais e aquelas que são apenas boas apresentações, pitches bem ensaiados ou as que têm empreendedores carismáticos.

Não há problema nenhum se uma startup estiver com sua solução na fase inicial do processo de desenvolvimento; apenas é preciso transparência e apresentá-la como tal.

Qualidade é mais importante do que quantidade, já que, em última análise, buscamos uma startup excelente para cada desafio priorizado. Essa é a entrega mais valiosa do *scouting*, que por vezes não é entendida com clareza. Por isso, é preciso ter cuidado ao utilizar somente métricas de número de startups mapeadas ou inscritas no programa, pois estas nem sempre respondem a tudo o que precisamos medir.

Usualmente, busca-se identificar de três a cinco startups com potencial para oferecer diferentes opções de solução para os desafios. Em alguns desafios muito específicos ou complexos talvez não haja mais do que uma ou duas soluções potenciais. Novamente, a grande meta deve ser qualitativa para ter-se startups excelentes a serem avaliadas na fase seguinte.

Muitas empresas se conectam com startups que ainda não têm clientes pagantes — ou têm poucos —, mas alcançam muito sucesso. Apenas é preciso cuidado, pois, em certos casos (felizmente cada vez menos), ainda há muito marketing e entregas pouco relevantes.

Ao avaliar a viabilidade e o potencial da conexão com uma startup, a grande empresa enfrenta uma série de critérios que devem ser cuidadosamente analisados. Esses critérios, distribuídos em três dimensões principais, formam o núcleo do processo de avaliação e fornecem um quadro para uma tomada de decisões mais estruturada.

As três dimensões cruciais para avaliar a viabilidade e o potencial da conexão com uma startup são: a solução desenvolvida pela startup, as experiências anteriores da startup, e sua capacidade de execução.

A seguir, aprofundamo-nos em cada uma dessas dimensões, fornecendo uma visão mais elaborada de seu significado, sua relevância e os critérios que as compõem.

Dimensão da Solução da Startup

Esta dimensão foca principalmente a oferta de valor central que a startup traz para a mesa: a solução em si. Aqui, a grande empresa avalia se a proposta da startup está alinhada com o desafio específico que busca resolver. Normalmente, é nessa dimensão que os avaliadores ponderam o maior peso em relação às outras dimensões.

- ***Fit* da solução com o desafio**

O primeiro e mais crítico critério é avaliar se o produto ou serviço da startup atende diretamente às necessidades e aos requisitos do desafio de inovação. Um alinhamento claro entre o problema que a grande empresa quer resolver e a solução que a startup oferece é essencial.

- **Nível de prontidão da solução**

Depois de se determinar que uma solução é relevante, o próximo passo é avaliar o nível de prontidão. Algumas soluções podem estar prontas para implantação imediata, enquanto outras podem exigir ajustes, personalizações ou integrações adicionais. É vital compreender o tempo e os recursos que serão necessários para que a solução atenda plenamente às necessidades.

Dimensão das Experiências da Startup

Uma startup com um histórico comprovado e experiência relevante no setor é frequentemente percebida como menos arriscada e mais confiável. Além disso, a experiência e a trajetória da startup podem indicar seu potencial para escalar a solução e adaptar-se a mudanças, aspectos cruciais para o sucesso de projetos de inovação no longo prazo.

Avaliar a experiência e a trajetória de uma startup pode dar às grandes empresas uma visão mais segura daquilo que devem esperar em termos de execução, adaptabilidade e crescimento futuro da solução e da própria startup.

- **Experiência no setor**

Embora não seja um critério eliminatório, a experiência da startup em empresas do mesmo setor pode oferecer insights adicionais sobre as necessidades do cliente e a dinâmica do mercado. Startups com experiência setorial são muitas vezes mais rápidas na compreensão dos desafios e mais eficientes na personalização de suas soluções. Isso pode acelerar significativamente o ciclo de desenvolvimento e implantação, economizando tempo e recursos para ambas as partes.

- **Trajetória da startup**

A trajetória da startup, incluindo participações em programas de aceleração, investimentos recebidos e reconhecimentos, pode oferecer informações adicionais sobre a qualidade e reputação da startup. Uma startup com um histórico comprovado pode indicar maior confiabilidade e menor risco para a grande empresa.

Dimensão da Capacidade de Execução da Startup

Uma startup com alto nível de capacidade de execução é mais propensa a superar obstáculos, adaptar-se a mudanças e cumprir prazos, tudo isso enquanto mantém, ou até melhora, a qualidade da solução fornecida. Essa dimensão é particularmente crítica para projetos de alta complexidade ou que envolvem a implementação de tecnologias emergentes, em que a qualificação do time da startup participante é fundamental.

- **Qualificação dos empreendedores e time**

A capacidade técnica e gerencial da equipe da startup é um fator crítico para o sucesso da colaboração. Uma avaliação das competências, habilidades e experiências anteriores do time pode fornecer indicações valiosas sobre sua capacidade de executar o projeto com eficácia.

- **Engajamento da startup nas interações**

Durante o processo de seleção, também é crucial observar o nível de engajamento da startup. Um alto grau de envolvimento pode indicar um compromisso mais profundo com os objetivos do projeto e uma maior probabilidade de sucesso.

Além das dimensões acima, é fundamental considerar aspectos qualitativos da interação com os empreendedores durante a apresentação do pitch. A qualidade da apresentação, a clareza na comunicação, e a habilidade de responder a perguntas complexas podem fornecer insights adicionais sobre a competência e confiabilidade da startup.

A escolha de uma startup para colaboração em projetos de inovação é um processo complexo que requer uma avaliação cuidadosa em várias dimensões. Cada critério deve ser ponderado de acordo com a natureza e a escala do desafio de inovação em questão. Seguindo os princípios e critérios delineados neste capítulo, as grandes empresas estarão mais bem posicionadas para fazer escolhas informadas e eficazes, aumentando assim as chances de sucesso em seus esforços de inovação colaborativa.

O chamado Pitch Day ou *One-on-One*, é um momento fundamental no processo de inovação colaborativa entre grandes empresas e startups. Ele serve como uma vitrine de apresentação para as startups e um espaço de avaliação para as corporações. Um Pitch Day bem planejado pode agir como um catalisador, acelerando a colaboração e criando motivação extra para os envolvidos. Agora, exploraremos as melhores práticas e diretrizes para planejar e executar um Pitch Day de sucesso.

Seção 1: Planejando o Evento

i. Escolha do Local ou da Plataforma

O primeiro passo no planejamento de um Pitch Day é a seleção do local ou da plataforma onde o evento ocorrerá. Cada formato — presencial, online ou misto — oferece vantagens e desvantagens distintas que devem ser cuidadosamente ponderadas.

- **Presencial.** Um evento presencial capitaliza no poder da interação face a face. Isso pode estimular um maior engajamento e facilitar a criação de relações mais sólidas entre as startups e a empresa anfitriã. Contudo, há complexidades logísticas e de custo a considerar, como a seleção de um local que seja tanto acessível quanto apropriado para acomodar todos os participantes.
- **Online.** A opção online geralmente é mais prática e flexível, permitindo que startups de locais diversos participem, sem as barreiras logísticas e os custos de viagem. Plataformas de videoconferência oferecem uma gama de ferramentas para tornar a apresentação mais interativa. No entanto, o desafio aqui é manter o nível de engajamento e a interatividade que um evento presencial proporcionaria.
- **Modelo Misto.** Esta opção tenta combinar o melhor dos dois mundos. O time corporativo se reúne em um local físico, aproveitando assim a interação direta e a colaboração mais estreita, enquanto as startups apresentam suas soluções via uma plataforma online. Isso pode ser particularmente útil quando algumas startups, embora estejam geograficamente distantes, desejam participar, permitindo que aquelas que estejam próximas, possam ir presencialmente.

ii. Estabelecendo a Agenda

Determinar a agenda é outro aspecto crítico que requer atenção aos detalhes. O tempo é um recurso escasso tanto para as startups quanto para os executivos das *corporações*, tornando imperativo seu uso eficiente.

Tempo de Pitch. As apresentações devem ser objetivas, mas informativas, com uma duração sugerida de 10–15 minutos. Deve então seguir-se um período de 10–15 minutos dedicados a perguntas e respostas. Essa estrutura permite um balanço adequado entre a exposição da solução da startup e o esclarecimento de quaisquer dúvidas que a empresa anfitriã possa ter.

Sequência de Desafios. Quando há uma sequência de desafios, o engajamento do público pode oscilar ao longo do evento. Portanto, é interessante começar e terminar com desafios que sejam de alto interesse ou importância estratégica para a empresa anfitriã. Isso não apenas mantém o público atento, mas também cria uma impressão positiva duradoura.

iii. Confirmações e Apresentadores

Por fim, mas não menos importante, é vital confirmar a participação de todas as startups que apresentarão suas soluções. Isso parece básico, mas falhas de comunicação ou mal-entendidos podem resultar em ausências inesperadas que perturbam todo o fluxo do evento. Além disso, é crucial identificar quem exatamente se apresentará em nome de cada startup. Essa informação facilita a preparação de materiais introdutórios e a comunicação entre os organizadores e as startups.

Seção 2: Webinar Pré-Pitch com Startups

i. Orientação e Logística

O sucesso de um Pitch Day depende não apenas da organização eficiente por parte da empresa anfitriã, mas também da preparação cuidadosa por parte das startups participantes. Antes do evento, é altamente recomendável conduzir uma sessão de treinamento para abordar várias questões críticas que podem influenciar o desempenho da apresentação.

Dinâmica do Evento. Um entendimento claro da estrutura do evento, incluindo a duração do pitch e o formato das sessões de perguntas e respostas, é crucial para evitar surpresas desagradáveis e garantir que as startups possam preparar apresentações que se alinhem às expectativas.

Conhecimento sobre a Corporate. Fornecer informações sobre os desafios específicos que a empresa enfrenta, suas prioridades estratégicas e o que ela busca nas soluções propostas pode ajudar as startups a ajustarem o foco e adaptarem suas apresentações de acordo. Em alguns casos, convidar algum executivo da corporate para fazer o chamado pitch-reverso é bastante válido para que as startups possam estar bem alinhadas em relação aos desafios.

Prazos e Logística. Também é essencial fornecer um cronograma claro, que inclua tanto os prazos para o envio das apresentações quanto detalhes logísticos como a chegada ao local — em caso de evento presencial —, ou as especificações técnicas necessárias para a participação online.

ii. Recepção Antecipada de Apresentações

Receber as apresentações com antecedência traz vários benefícios. Primeiramente, permite que os organizadores ou a área de inovação tenham uma ideia prévia do conteúdo e possam preparar perguntas e comentários específicos. Isso torna as sessões de perguntas e respostas mais produtivas e informativas. Segundo, essa prática também ajuda a identificar quaisquer problemas técnicos ou de conteúdo que possam ser resolvidos antes do evento, garantindo um processo mais tranquilo ao longo do dia.

Para otimizar ainda mais esse processo, pode ser extremamente útil fornecer um roteiro ou diretrizes sobre o que deve ser incluído nas apresentações. Isso garante que todas as startups se concentrarão nos pontos de maior relevância para a corporate, tornando as discussões mais focadas e o evento, como um todo, mais bem-sucedido.

Seção 3: Preparação dos Avaliadores

i. Orientação dos Avaliadores

A capacidade dos avaliadores de fazer julgamentos informados é crucial para o sucesso de um Pitch Day. Eles desempenham um papel central na seleção de startups que ofereçam as soluções mais inovadoras e eficazes para a corporação. A preparação desses avaliadores deve cobrir os seguintes pontos:

- **Como Formular Perguntas de Maneira Eficaz.** Ensine os avaliadores a formularem perguntas que não apenas esclareçam os pontos relevantes, mas também testem a competência da startup em áreas como especialização técnica, viabilidade de mercado e escalabilidade. A eficácia das perguntas pode influenciar o resultado a ser obtido durante as sessões de perguntas e respostas.
- **Critérios de Avaliação Específicos.** É fundamental que todos os avaliadores estejam alinhados quanto aos critérios de avaliação, seja ele o

ajuste entre a solução da startup e o desafio de inovação da empresa, a qualidade da apresentação ou a viabilidade do modelo de negócios. Um entendimento claro e unificado desses critérios é vital.

- **Diferenças entre Startups e Fornecedores Tradicionais.** Avaliadores devem ser conscientizados sobre as diferenças intrínsecas entre startups e fornecedores mais estabelecidos. Startups, sendo geralmente mais ágeis e inovadoras, podem não ter os mesmos processos formalizados ou os recursos dos fornecedores tradicionais, mas podem oferecer outras vantagens, como flexibilidade e criatividade.

ii. Instrumentos de Avaliação

A avaliação precisa ser tanto qualitativa quanto quantitativa para oferecer um panorama abrangente. Para isso, prepare um conjunto de ferramentas e instrumentos que facilite a avaliação sistemática das startups:

- **Book de Startups.** Crie um compêndio que contenha informações vitais sobre cada startup, incluindo histórico, modelo de negócios, tecnologia, equipe e experiência no setor, entre outros. Esse material funcionará como uma referência rápida para os avaliadores durante o evento.
- **Formulário da Mesa Avaliadora.** Utilize um conjunto padronizado de critérios para avaliar cada apresentação. Esse conjunto pode incluir categorias como inovação, relevância, escalabilidade e viabilidade. Os formulários padronizados asseguram que cada startup é avaliada de acordo com a mesma lente, tornando o processo mais justo e transparente.
- **Participação de outros convidados:** O feedback de convidados pode oferecer insights adicionais que talvez não sejam imediatamente aparentes para os avaliadores. Utilize métodos como pesquisas em tempo real ou sessões de perguntas e respostas abertas para coletar essas valiosas informações. Esse feedback pode ser particularmente útil para medir o impacto emocional e a receptividade da solução proposta.

Seção 4: Execução do Pitch Day

i. Gestão do Tempo

O manejo eficaz do tempo durante o Pitch Day é uma das chaves para seu sucesso. As startups participantes geralmente têm um tempo limitado — muitas vezes, apenas alguns minutos — para apresentar seus produtos ou soluções. Por isso, é fundamental que o evento seja orquestrado com precisão cronológica.

- **Agenda:** é crucial estabelecer uma agenda clara que inclua o tempo alocado para cada apresentação, bem como para perguntas e respostas, intervalos e abertura/fechamento do evento.
- **Cronometragem:** considere o uso de cronômetros visíveis para ajudar os palestrantes a monitorarem seu tempo.
- **Transição:** as startups devem estar preparadas para começar imediatamente após a apresentação anterior para evitar atrasos.
- **Coordenação:** um coordenador de tempo deve ser designado para garantir que o evento siga a agenda e para fazer ajustes caso seja necessário.

Seção 5: Tomada de decisão após o Pitch Day

i. **Seleção das startups.** A tomada de decisão em relação a qual startup continuará no processo pode ocorrer ao final das apresentações de cada desafio, ao final do evento, ou mesmo em reuniões posteriores ao Pitch Day.

ii. **Feedback para as não selecionadas.** Um retorno bem organizado e pontual sobre a avaliação dos envolvidos para a startup é bastante valioso para o aprimoramento ou a reflexão por parte dos empreendedores.

O Pitch Day não é um evento apenas pontual, mas uma etapa crucial na engrenagem da inovação colaborativa entre grandes empresas e startups emergentes. Um evento bem planejado e executado pode funcionar como uma ponte vital entre desafios empresariais e soluções inovadoras. A atenção meticulosa aos detalhes — desde a seleção e preparação até a execução e o feedback — não é apenas recomendável, mas essencial para o sucesso das iniciativas de conexão com startups.

Dicas e cuidados ao apresentar sua startup para corporações

Atualmente, mais de 4,5 mil empresas brasileiras têm conectado sua estratégia de inovação com o ecossistema de startups. O formato de relacionamento varia, podendo ocorrer por meio dos modelos aceleração, parceria, startup como fornecedora, ou mesmo o clássico corporate venture capital, com aquisição de participação acionária da startup.

Seja qual for o formato adotado, haverá, necessariamente, um momento em que o empreendedor apresentará a solução aos gestores da empresa. Fruto da experiência de organizar esses momentos nos últimos anos, reunimos orientações úteis em relação aos principais pontos de atenção que todo empreendedor deve observar ao realizar seu pitch nessas situações.

i. **Cuidado com as promessas.** Antes dos pitches, sempre lembramos aos gestores que as startups não são fábricas de software e que foram concebidas pensando em criar um modelo escalável, replicável e recorrente. Mesmo assim, muitas vezes o gestor da corporação solicitará ajustes e customizações que não estão disponíveis na versão atual da sua solução. O empreendedor ficará tentado a concordar com novos desenvolvimentos para aumentar a chance de criar uma relação com a corporate. Porém, é preciso ficar atento ao impacto que a promessa trará ao roadmap da startup e quanto consumirá de recursos e foco do empreendedor. Tente avaliar se o item demandado é algo indispensável ou se é apenas algo desejável que não inviabilizará a adoção da solução ou mesmo um primeiro teste dela.

ii. **Se está em validação, leve o time técnico.** Muitos programas de startups buscam aquelas que já estão com um MVP validado ou têm uma base de clientes ativa. Há outros que buscam conectar-se com startups ainda em fases iniciais. Se sua startup estiver nessa fase e for chamada para um pitch por uma corporação, minha sugestão é levar um técnico para apresentar ou responder às perguntas. O que está sendo construído será explorado em detalhes e a visão do mercado importa tanto quanto a tecnologia utilizada.

iii. **Não mande representantes.** Algumas startups têm terceirizado a área comercial com empresas especializadas em geração, qualificação e conversão de *leads*. Acompanhamos casos em que as startups enviaram esses representantes para o pitch e os resultados não foram bons. A leitura que os executivos fizeram é de que haveria pouco interesse por parte da startup.

iv. **Tente criar conexão com a empresa.** Bons pitches são aqueles que contam uma história e conseguem criar uma conexão com os participantes. Tornar-se cliente da empresa e experimentar seus serviços previamente pode criar simpatia na hora das perguntas.

v. **Apresente a história no contexto da empresa.** Os executivos precisam enxergar a solução do problema já no contexto em que ela será utilizada, se isso for possível. Apresentar a solução já com a "cara" ou a identidade da empresa permite contextualizar melhor o que será feito. Preste bastante atenção ao briefing dos desafios para, dessa maneira, ser direto no pitch, apresentando a solução esperada pela empresa.

vi. **Demonstre autoridade.** Startups normalmente não têm uma grande lista de clientes para impressionar, porém o time ou a experiência dos empreendedores podem trazer mais segurança na hora da escolha. Empreendedores com ótima formação técnica e com experiências prévias no setor contam pontos importantes.

vii. **Capriche na apresentação.** Essa recomendação já é bem conhecida pelos empreendedores, mas nem sempre é levada em consideração. Já estivemos em apresentações que não condizem com a tecnologia ou solução que está sendo proposta. Vale a pena investir tempo e recursos para construir um material visualmente impactante.

viii. **Use termos que possam ser entendidos pelos executivos.** Nem todos os sponsors (patrocinadores da demanda interna) que avaliarão a solução são técnicos. Assim, tome cuidado com os termos que serão utilizados para explicar sua solução. Antes do pitch, orientamos a que os executivos tenham o máximo cuidado com jargões ou nomenclaturas específicas que os empreendedores possam não entender. Isso vale também para o empreendedor na hora do pitch.

ix. **Demonstre a plataforma, app ou solução ao máximo.** É incrível como, em vários pitches, não fica claro como a solução funciona. Alguns nem sequer apresentam telas ou imagens que possam ajudar aqueles que a estão vendo pela primeira vez a visualizá-la. Se possível, faça uma pequena demonstração das funcionalidades mais impactantes em animações incorporadas nos slides ou, ao menos, algumas telas. Não apresentar a solução deixa a sensação de que ela não está desenvolvida ou concluída.

x. **Saiba o impacto da LGPD na sua solução.** Essa tem sido uma pergunta recorrente em todos os pitches que acompanho. As corporações estão muito atentas à Lei Geral de Proteção de Dados. Esteja preparado para responder a essa pergunta.

CAPÍTULO 11

COCRIE PROJETOS-PILOTO PARA TESTE RÁPIDO

Sovar o pão tem seus segredos. O português Manoel Dias Branco sabia disso quando, em 1938, fundou a Padaria Imperial, uma pequena padaria na cidade de Fortaleza, Brasil. Pelas mãos de seu filho Ivens, aqueles segredos transformariam a padaria na gigante M. Dias Branco, líder nacional no mercado de massas e biscoitos, competindo com gigantes globais como Nestlé, Kraft e PepsiCo. A inovação sempre foi um dos principais ingredientes da receita. Atualmente, a estrutura de pesquisa e desenvolvimento da M. Dias Branco, ligada diretamente ao CEO, gerencia centenas de projetos de inovação.

O conselho de administração e a diretoria sabiam que os recursos internos não seriam suficientes para manter a empresa à frente de seus concorrentes. Nos últimos sete anos, viajaram para o Vale do Silício e Israel para aprender com startups a melhor forma de inovar. Perceberam que a M. Dias Branco poderia alavancar seus ativos para desenvolver novos produtos, serviços e melhorar sua eficiência operacional trabalhando com startups. Porém, não havia uma forma estruturada e de baixo risco para testar as soluções disponíveis.

Inovação aberta e engajamento com startups se transformaram na nova moda não apenas em indústrias de alta tecnologia. Corporações e startups podem colaborar de forma efetiva para resolver seus desafios. Os primeiros têm ativos como capital, marcas, canais de distribuição, relacionamentos e conhecimento para executar modelos de negócios, enquanto os últimos têm curiosidade, coragem, agilidade e foco para descobrir novos modelos. A combinação de tais capacidades é uma ótima alternativa para inovar dentro de empresas estabelecidas.

No entanto, mais de vinte anos depois da disseminação da ideia pelo professor Henry Chesbrough, os desafios da inovação aberta, sobretudo o do relacionamento entre empresas estabelecidas e startups, permanecem relevantes.

Para contribuir com a resolução desses questões, elaboramos o framework que deu origem ao artigo "Projetos-piloto ajudam a inovação aberta", publicado na *MIT Sloan Management Review Brasil*, como uma ferramenta de desenho e estruturação de projetos-piloto desenvolvida a partir de três desafios específicos: a ausência de alinhamento estratégico entre as partes sobre os objetivos a alcançar com esse relacionamento; a falta de preparação organizacional para fazer tal conexão; a inexistência de um método adequado de trabalho conjunto.

Há muitas maneiras de se conectar, mas uma única de começar

Hackathons, aceleradoras corporativas e braços de corporate venture capital, são estratégias utilizadas para promover a conexão entre corporações e startups, no entanto, uma estratégia acessível para iniciar essa relação é a execução de projetos-piloto. Um projeto-piloto é um experimento para validar o aprendizado sobre uma hipótese de criação de valor.

Um ponto de vista interessante sobre o tema veio de Michael Schrage, que introduziu o conceito de MVP (Minimum Viable Pilot), adaptado do acrônimo de Minimun Viable Product. Para ele, "o mínimo piloto viável é a forma mais barata, simples e rápida de testar uma inovação". Assim, "pilotos representam a forma menos ameaçadora de estabelecer parcerias de inovação disruptiva". Os pilotos tornam a colaboração simples, segura e escalável.

A despeito da crescente demanda por conexão entre corporações e startups, há pouco conhecimento codificado sobre como desenhar pilotos entre as partes. O que precisa ser feito antes, durante e depois dos pilotos para ampliar suas chances de sucesso?

Na realidade, os resultados de tais pilotos têm sido decepcionantes. Em média, somente uma pequena parcela se transforma em negócios. Gerar negócios não é o principal objetivo de um experimento, mas ainda é a melhor forma disponível para medir o sucesso do engajamento entre startups e grandes empresas. Percebendo essa lacuna, identificamos uma oportunidade de integrar o conhecimento disperso sobre como estruturar e gerir experimentos.

Para tanto, revisitamos as teorias de inovação corporativa, inovação aberta e experimentação, especialmente por meio dos trabalhos de Henry Chesbrough, Clayton Christensen, Stefan Thomke, Scott Anthony, Alex Osterwalder, Eric Ries e Michael Schrage.

O produto dessa pesquisa e prática é o framework de aprendizagem de pilotos, uma ferramenta destinada a apoiar gestores de grandes empresas e fundadores de startups a realizarem projetos-piloto de forma efetiva. Os resultados da aplicação da ferramenta são muito interessantes. Mais de 50% dos pilotos executados aplicando o framework se transformaram em negócios entre as partes. Essa experiência nos permitiu analisar dados e identificar padrões nos pilotos de sucesso e fracasso para definir estratégias que podem ser executadas antes, durante e depois deles. Antes de qualquer coisa, contudo, vamos detalhar a ferramenta.

Uma ferramenta para desenhar pilotos de forma efetiva

O framework de aprendizagem de pilotos é estruturado em função de seis dimensões e vinte variáveis. Ele provê uma forma abrangente de organizar pilotos de modo rápido, acessível e preciso para ajudar corporações e startups a lidarem com a incerteza dos projetos adotando o mindset correto.

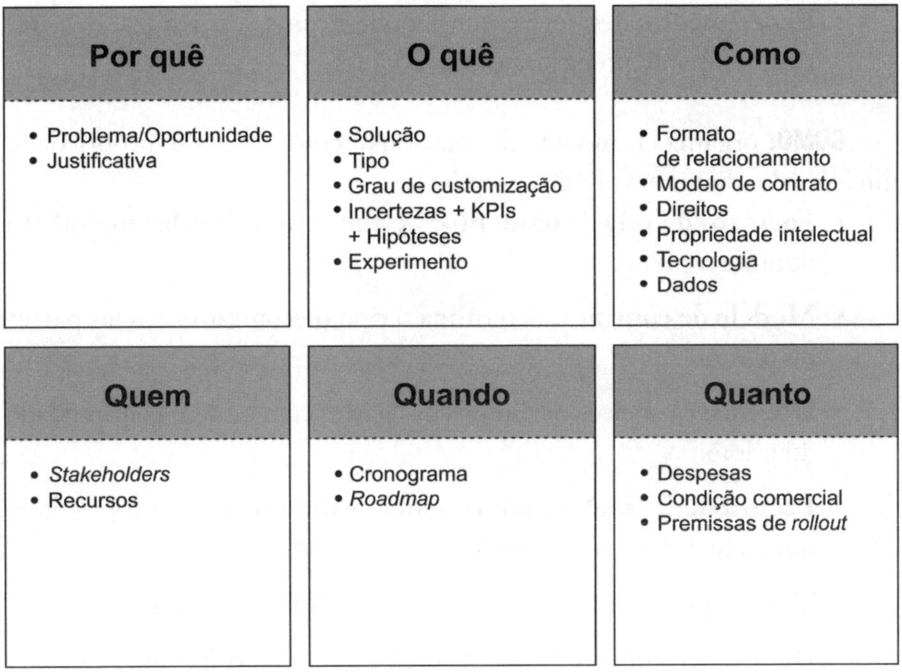

Figura 4 — As seis dimensões do Framework (Innoscience, 2023).

POR QUÊ: estabelece as razões e justificativas que mobilizam a empresa para o projeto.

- **Problema/oportunidade:** descreve o problema ou a oportunidade da corporação.
- **Justificativa:** identifica as razões que mobilizam o projeto, delimitando as fontes de ganhos — preferencialmente as quantitativas — quando da resolução do problema ou do aproveitamento da oportunidade.

O QUÊ: delimita o projeto e, mais detalhadamente, o experimento.

- **Solução:** descreve a solução existente da startup.
- **Tipo:** caracteriza o perfil para potenciais ganhos com o projeto.
- **Grau de customização:** estabelece o tipo de solução da startup.
- **Incerteza + KPIs + Hipótese:** descreve o que será testado, como será medido e o que seria considerado sucesso.

- **Experimento:** descreve o que é, onde e como será realizado, usuários, tempo de preparo, testes.

COMO: organiza o modelo de relacionamento, contrato, propriedade intelectual e dados envolvidos no piloto.

- **Formato de relacionamento:** define o tipo de relacionamento durante o piloto.
- **Modelo de contrato:** determina o tipo de contrato entre as partes no piloto.
- **Direitos:** estabelece os direitos das partes com ou sem continuidade do piloto.
- **Propriedade intelectual:** estipula os direitos sobre propriedade intelectual existente e resultante.
- **Tecnologia:** identifica as necessidades durante o piloto.
- **Dados:** determina os tipos de dados a serem utilizados.

QUEM: identifica os principais stakeholders e os recursos necessários para o projeto-piloto.

- **Stakeholders:** mapeia as principais partes interessadas no projeto-piloto.
- **Recursos:** identifica os principais recursos humanos, tecnológicos e informacionais necessários para a execução do projeto-piloto.

QUANDO: descreve o cronograma do projeto-piloto, as fases e datas estimadas, bem como o que fica de roadmap para o pós-piloto.

- **Cronograma:** organiza as principais fases, atividades e datas do piloto.
- **Roadmap:** sinaliza os potenciais caminhos da expansão pós-piloto, funcionalidades ou áreas de aplicação.

QUANTO: apresenta as despesas e as condições de pagamento do piloto, assim como as premissas do modelo de negócios no rollout.

- **Despesas:** define quais são as despesas e os respectivos valores.
- **Condição comercial:** estabelece as condições de pagamento do projeto-piloto.
- **Premissas de rollout:** alinha parâmetros básicos sobre o modelo de negócios do rollout.

LIÇÕES DE COMO FAZER

O programa de inovação aberta Germinar, da M. Dias Branco, é um bom exemplo de uso da ferramenta. Realizado desde 2019, o programa busca startups para otimizar os negócios existentes e criar negócios em frentes selecionadas pela empresa. Em sua primeira edição, ela decidiu realizar onze projetos-piloto para as áreas de marketing, P&D e novos negócios.

Cada piloto obteve um sponsor da alta gestão e um time formado por profissionais da empresa e da startup. Todos os pilotos foram desenhados com base no framework de aprendizagem de pilotos. Depois de quatro meses, os projetos-piloto trouxeram resultados relevantes.

Um dos pilotos permitiu à M. Dias Branco desenvolver um novo produto *gluten-free*, quatro vezes mais rápido do que o processo convencional. Outro piloto identificou uma nova forma de reduzir gordura e custos de uma das plantas fabris. Um terceiro melhorou a experiência do consumidor no supermercado e aumentou as vendas de um produto selecionado. O quarto piloto envolveu a venda de produto alimentício saudável de uma startup em dois supermercados, durante dois meses, para testar a aderência do consumidor a um novo canal, dado que fora originalmente comercializado pela internet.

Ao final do programa, oito startups foram contratadas como fornecedores, parceiros ou receberam investimento. Uma das startups recebeu o primeiro aporte de capital em startups da história da corporação.

Inovar com startups é uma forma efetiva de melhorar o desempenho de inovação de grandes empresas. Projetos-piloto são uma maneira acessível e eficiente de iniciar. Infelizmente, é mais fácil falar do que fazer.

Executar projetos-piloto com eficácia requer uma abordagem estruturada. Como afirmou Ivens Dias Branco, ex-CEO da M. Dias Branco, "quando você não sabe nadar, é melhor não entrar no mar com a água acima do pescoço". O projeto-piloto permite testar a profundidade do mar antes de mergulhar.

O framework de aprendizagem de pilotos é uma ferramenta testada para apoiar corporações a organizarem projetos-piloto, transformando-os em fonte real de aprendizado de forma rápida, acessível e precisa. Aplicar a ferramenta em problemas estratégicos com os sponsors engajados e checar o status de evolução contra as incertezas e KPIs corretos pode ser decisivo para melhorar a capacidade de inovação e a taxa de sucesso da conexão entre corporações e startups. Isso pode ser feito tanto otimizando a segurança de transações em instituições financeiras quanto simplesmente sovando pão da forma correta.

Imersão de Cocriação: a melhor forma de construir projetos-piloto

As mensagens de WhatsApp e os e-mails não tinham mais resposta. A solução era tentar, novamente, ligar para o diretor industrial da empresa. As técnicas de *follow-up* com a equipe interessada haviam se esgotado. O negócio importava muito para o fundador da StartCo, nome fictício dado a uma startup real. Ainda em fase de validação, a startup oferece uma solução de SaaS/B2B para a gestão de parques industriais.

Após uma reunião inicial muito promissora, o projeto com o potencial cliente-anjo não engrenou. Pior ainda: seis meses após o primeiro contato, o piloto desenhado já não parecia fazer sentido. Do lado da grande empresa, a turma não sabia o que queria. A cada reunião, aparecia um grupo de pessoas diferente, fazendo perguntas antigas e levantando problemas novos. Juliano não conseguia mais identificar quem era o tomador de decisões. O fato de conhecer o diretor industrial não ajudava.

A StartCo é um exemplo fictício de um drama real: os problemas de comunicação entre startups e grandes empresas no desenho de projetos de inovação aberta. Segundo dados da *100 Open*, mais de 4,5 mil empresas brasileiras de médio e grande porte têm contratado, investido ou feito parceria com startups. O ecossistema latino-americano já se aproxima de 35 mil startups. Há diversas plataformas, sites, mapeamentos e *reports* disponíveis.

Existem programas de startups para melhorar essa interface, em que as corporações definem áreas de interesse, cronograma e modelo de relacionamento para acelerar a conexão. No entanto, os problemas persistiam. O principal desafio da inovação aberta para empresas estabelecidas não está em encontrar boas startups. O ponto crítico está na transformação de um contato inicial em projeto. Foi o caso da StartCo, e é o de muitas outras.

Pretendemos esclarecer as limitações da abordagem convencional de interface entre empresas estabelecidas e startups para o desenho de projetos-piloto, e apresentar a imersão de cocriação, um método testado com resultados promissores.

Os limites da abordagem convencional

Todo mundo quer inovar, mas nem todo mundo quer trabalhar de maneira diferente. Se você é diretor de uma grande empresa, já deve ter conhecido startups que têm potencial de complementar seu negócio. Então, qual é o passo seguinte a esse primeiro contato?

À medida que as partes acreditam que a solução da startup funciona para a necessidade da empresa, o passo seguinte é discutir um projeto para ver se a parceria tem potencial. O caso da StartCo ilustra bem a experiência com a abordagem convencional. Uma sequência de reuniões com diferentes stakeholders no formato inadequado, com uma mentalidade inapropriada e sem resultado. O tempo passa. O tempo voa. E o piloto não se transforma em uma boa oportunidade.

Vivemos a economia da atenção. As empresas avançam naquilo em que seus líderes se envolvem. Determinadas atividades requerem atenção concentrada para que sejam executadas, especialmente aquelas que lidam com maior incerteza. Quem trabalha em uma grande empresa vivencia a "síndrome do part-timer". O cara bom faz um pouco de um monte de coisas. É um processo de distribuição da atenção dos profissionais numa quantidade de projetos, o que inviabiliza o alto desempenho.

Na abordagem convencional de relacionamento startup-empresa, as interfaces para o desenvolvimento dos projetos são infrequentes, despreparadas e, por consequência, não têm fim. Ninguém assume a decisão em temas com múltiplos stakeholders. Nesse contexto, acentua-se a aversão a perdas. Não se cria confiança, a discussão fica picotada, os interlocutores se alternam a todo momento, dificultando a introdução de novas ideias e iniciativa. Ao longo de seis meses de contatos surge a dúvida: por que mesmo é que devemos tentar algo novo?

É o fim da linha.

A imersão de cocriação é um método desenvolvido a partir de experiências de outros campos de conhecimento e que incorpora a filosofia de *Design Sprint* e métodos ágeis. É um momento de trabalho imersivo e conjunto entre startup e grande empresa, a fim de desenhar um projeto-piloto. É uma abordagem baseada na colaboração, com um produto esperado bem definido. As partes passam a formar um único time com um propósito claro. Nos últimos anos, vivenciamos essa realidade com o desenho de seiscentos projetos-piloto entre startups e empresas.

A palavra imersão, do latim *immersio*, é sinônimo de "mergulho". Há imersões em diversas áreas. É possível que você já tenha feito imersões para aprender novas línguas ou novos esportes. Imersões criam foco, e os resultados são surpreendentes.

A imersão de cocriação tem o propósito de desenhar projetos-piloto que possam testar, em um curto espaço de tempo, a efetividade da parceria. Segundo as startups e as empresas estabelecidas com as quais temos trabalhado, a abordagem convencional faz com que um projeto-piloto demore de três a seis meses para ser desenhado. Em média, são de oito a dez reuniões. Trocas de interlocutores e perda da memória do projeto, frequentemente, fazem com que o piloto seja cancelado antes de ser testado.

A imersão de cocriação comprime esse tempo. Restabelece a confiança e proporciona uma melhoria sensível da taxa de conversão de contatos em projetos. Segundo nossos cálculos, 75% das interfaces se transformaram em pilotos.

Uma das chaves dessa taxa de conversão é o método de organização da interação. Não basta reunir as partes de forma imersiva. As startups precisam saber o que querem e não podem se iludir apenas pela marca da empresa interessada. A empresa estabelecida deve saber o que está buscando e organizar-se para esse relacionamento disponibilizando recursos, orçamento e tempo dos times — como se faz em qualquer projeto estratégico.

A melhor forma de entender algo novo, avaliar alternativas e trabalhar em equipe é concentrando ao máximo as atividades. É como aprender um novo esporte. Não dá para fazer um pouquinho a cada quinze dias e esperar progresso. Na prática, toda vez que você retoma, é como se partisse do zero. Há uma verdade muito dura no ambiente de negócios: ninguém faz nada incrível apenas com o tempo que sobra.

Como funciona a imersão de cocriação

A imersão de cocriação funciona em um espaço de tempo de três dias, em período integral. É necessário colocar todos os interlocutores juntos por um período mínimo de tempo que lhes permita desenvolver a confiança (você não faz algo ótimo com quem não confia e não confia em quem não conhece). O mais importante é que as pessoas direta e indiretamente interessadas, e com autonomia, estejam presentes.

A maior parte das áreas de negócios de empresas estabelecidas está habituada com o modelo de relação cliente-fornecedor em que a lógica é definir um escopo detalhado, emitir uma requisição de compras e avaliar de forma crítica o entregável de uma proposta desenvolvida por um parceiro que não conhece profundamente a sua necessidade. É um jogo que funciona para comprar produtos existentes, mas que não funciona para o desenvolvimento de inovações em parceria com startups.

Sem dúvida é desafiador reunir um time de pessoas da empresa e da startup durante três dias inteiros. Você pode optar pela abordagem convencional e acreditar que conseguirá fazer isso em um conjunto de reuniões esparsas, mas o que aprendemos é que isso levará muito mais tempo — e terá grandes chances de morrer na praia.

Uma boa imersão é dividida em quatro fases:

i. Alinhamento estratégico

Divide-se em duas partes: necessidade e solução. A primeira parte envolve a apresentação detalhada do problema ou a oportunidade visualizada pela empresa. O envio de informações prévias para a startup com um briefing detalhado pode acelerar o entendimento. Nesse momento, a empresa deve compartilhar a situação atual, indicadores, soluções já testadas, stakeholders envolvidos e demais informações que permitam um completo entendimento da realidade.

A segunda parte trata da apresentação, em profundidade, da solução atual da startup e das possibilidades de curto e médio prazo. Ela deve ser compartilhada em detalhes, incluindo casos de uso, resultados, tecnologia, modelo de negócios e demais informações que permitam à empresa avaliar seu potencial. As possibilidades de curto e médio prazo, assim como o interesse da startup em adaptar a solução existente, devem ser feitos com bastante cuidado. Não é raro que grandes empresas vejam as startups apenas como fábricas de software, assim como não é raro que startups afirmem que "dá pra fazer" para qualquer coisa.

ii. Cocriação

É a elaboração da proposta do piloto. O framework de aprendizagem de pilotos, apresentado originalmente na *MIT Sloan Management Review Brasil*, estrutura um protocolo e uma linguagem comum para essa interface. São nove temas a serem discutidos: problema/oportunidade, incertezas, KPIs, hipóteses, experimentos, recursos, despesas, cronograma e roadmap.

Há uma ordem natural a ser respeitada. O primeiro eixo é a definição do problema/oportunidade. Sem isso, qualquer discussão sobre um potencial experimento tende a ser contraproducente. O segundo eixo trata das incertezas, KPIs e hipóteses. O terceiro envolve definir experimentos, recursos e despesas. Por fim, vêm cronograma e roadmap.

O experimento, coração do projeto-piloto, deve ser estruturado em função de "o quê" (qual o experimento), "onde" (local de execução), "quem" (envolvidos), "como" (passo a passo) e "quando".

iii. Validação

Trata da validação do desenho com terceiros. Áreas como as de tecnologia, regulatório, clientes ou parceiros são alguns dos potenciais atores a serem consultados. A orçamentação da proposta é outro ponto importante durante essa fase. Startup e empresa estabelecida devem trabalhar conjuntamente para discutir os parâmetros e condições.

Nesse momento, também é relevante discutir eventuais condições futuras da relação a serem estabelecidas. No entanto, deve-se ter cuidado para não transformar isso em uma discussão sobre contrato de investimento ou aquisição antes de a solução não ter sido sequer testada.

Por outro lado, há determinados pontos sensíveis que podem fazer com que a empresa não se sinta apta a prosseguir sem discuti-los. Por exemplo, propriedade intelectual. Caso a relação envolva algum codesenvolvimento — como fizemos com uma empresa do agronegócio brasileiro — é fundamental definir a propriedade pregressa, a propriedade compartilhada e a propriedade que resultará do projeto.

iv. Aprovação

Envolve a aprovação da execução do projeto-piloto. Para isso, alguns cuidados podem fazer a diferença. O primeiro passo é reunir simultaneamente todos os interessados e afetados pela solução. Em segundo lugar, é importante encarar o piloto como o início de uma parceria e, portanto, dimensionar o projeto apenas para validar as incertezas e hipóteses priorizadas.

Além disso, é recomendável comunicar com clareza a relevância do problema/oportunidade, de preferência com dados e fatos, e diferenciar a solução da startup das demais alternativas disponíveis no mercado. Essa aprovação envolve não apenas a alocação dos recursos financeiros, mas também, especialmente, do time necessário para executar o projeto-piloto.

Startups correm contra o tempo para validar e escalar suas soluções. Empresas estabelecidas, pressionadas para inovar, têm que responder com agilidade a um mercado em transformação. A melhor forma de saber se uma nova tecnologia funciona é testando-a.

No entanto, se o método de desenho do experimento não for efetivo, ambas as partes podem perder o *timing*. A imersão de cocriação é uma abordagem testada em centenas de projetos, capaz de auxiliar os envolvidos a alcançarem alinhamento estratégico, além de ajudar no desenho, validação e aprovação interna da parceria.

Como evitar que seu projeto-piloto com startups derreta

A ida de uma criança à sorveteria é um momento marcante. São tantos os sabores que é difícil pedir um só. Invariavelmente, o caminho é provar um ou dois sabores antes de escolher o preferido. Pistache, frutas vermelhas, manga, cada um escolhe o sabor que não conhece e que lhe parece ser incrível. Às vezes, provar novos sabores é tão legal quanto tomar o sorvete.

Sempre que discutimos projetos-piloto entre grandes empresas e startups, vem à mente a foto desses saborosos sorvetes. Na prática, o que fazemos ao executar um projeto-piloto tem o mesmo princípio de experimentar um novo sabor. Dado que não sabemos se vamos ou não gostar, optamos por não comprar todo o sorvete. É melhor pedir uma provinha.

A prescrição não é que você, inovador corporativo, saia por aí pedindo provinhas não pagas das soluções de startups. Ao contrário: se você não pagar pelos projetos-piloto, provas de conceito ou similares, enfrentará aquela situação que o Vampeta vivenciou quando jogava no Flamengo, dita por ele próprio: "O Flamengo fingia que me pagava e eu fingia que jogava." Fuja das provinhas gratuitas, mas teste pequeno antes que a gula tome conta de você.

Mais de 73% dos projetos-piloto que desenhamos foram executados. A conceituada revista *MIT Sloan Management Brasil* apresentou nosso Framework de Aprendizagem de Pilotos em sua primeira edição. Alguns insights podem ser bastante úteis para o desenho do portfólio de projetos-piloto.

O MVP deve ser pequeno, rápido e de curto prazo

O mindset do Mínimo Piloto Viável é o mesmo que o de seu xará, o *minimum viable product*: um processo de definição de hipóteses, testes e aprendizado, com uma solução sub-ótima que reduz a exposição (investimentos) ao enfrentar uma situação de incerteza (técnica ou mercadológica). Um bom piloto é algo que pode ser colocado em prática em quinze dias, não demora mais do que noventa dias para ser executado e custa menos do que o exigido para uma análise de ROI (Return on Investment). Nenhuma solução inovadora em estágio inicial aguenta um conjunto infindável de perguntas de alguém que não quer aprová-la.

O portfólio é tão importante quanto o projeto

A jornada de conexão com startups não é uma bala de prata para resolver todos os problemas da empresa. Da mesma forma que os VCs apostam em diversas startups para obter resultados, é recomendável que sua empresa teste um conjunto concorrente ou paralelo de soluções alinhadas à sua estratégia, para diferentes problemáticas de organização. Equilibrar pilotos de novos negócios com inovações incrementais pode ser uma forma de ter um portfólio equilibrado para gerar resultados concretos e fazer apostas mais ousadas. Um único piloto aparentemente incrível pode acabar numa grande frustração.

O seu objetivo determina o perfil do parceiro

As startups passam por quatro fases: ideação, validação, tração e escala. Há diversas tipologias, mas essa foi consolidada pelo caderno de governança em startups do IBGC e da Endeavor, que apoiamos. As startups em estágios iniciais têm maior risco e flexibilidade. Startups mais maduras têm, normalmente, menor risco e menor flexibilidade. Escolher o grau de maturidade da startup depende do que sua empresa está buscando, dos desafios que pretende resolver e do *time-to-market* das soluções que pretende encontrar.

O desenho do piloto exige disciplina

Um projeto-piloto é um experimento disciplinadamente estruturado. Não é um processo de tentativa e erro desgovernado. Ao se definirem escopo, incertezas, KPIs, hipóteses, recursos, roadmap, despesas e cronograma do piloto aumentam-se as chances de execução exitosa e de avaliação organizada. Acaba-se por ampliar as chances de o piloto virar negócio entre as partes.

O engajamento do time faz toda a diferença

Adotar a solução de uma startup, seja no modelo de contratação de serviços, parceria ou investimento, não é terceirizar a solução. Pelo contrário, por mais madura que seja a startup com quem você se relacionará, serão necessários acompanhamento e suporte frequentes e sistemáticos. Os melhores pilotos não são necessariamente os que têm as melhores startups, mas sim aqueles que contam com times na corporação mais engajados. Vincular os pilotos com a avaliação de desempenho do time, em determinadas culturas, faz toda a diferença.

O sucesso do projeto-piloto depende das áreas de apoio

A preparação e engajamento das áreas de apoio para que estejam aptas a trabalhar com uma esteira ágil é uma pré-condição para que o piloto seja executado em larga escala. De nada adianta desenhar um piloto que não tenha uma maneira de ser formalizado, pago e “rolloutado”. Os departamentos financeiro, de compras, jurídico, regulatório e de tecnologia da informação devem compreender o ecossistema, elaborar métodos de trabalho complementares aos convencionais e serem integrados o mais cedo possível.

O acompanhamento deve ser frequente e sistemático

Um piloto de três meses é um projeto distinto daqueles que estamos habituados a gerenciar. Uma semana num projeto-piloto é como um mês num projeto convencional. Nossa recomendação é que você faça *checkpoints* semanais como se fossem *sprints* de início de semana e *reviews* de final de semana. Contar com uma ferramenta para gerenciar o piloto e o portfólio ajuda bastante. Se houver uma área de digital ou inovação, é recomendável que essa estrutura acompanhe a evolução quinzenalmente. Destravar burocracias, avaliar ajustes de escopo, interpretar resultados e dar ritmo são as principais atividades necessárias em tais acompanhamentos.

O fechamento organizado aumenta as chances de rollout

Piloto que não é avaliado em relação ao desenho original não tem rollout. E sem rollout, não há resultados. Os times devem fazer a análise dos resultados do piloto em relação às incertezas, KPIs e hipóteses originalmente planejadas. Devem trazer à mesa os principais interlocutores interessados. Não foram poucas as vezes que tivemos pilotos com ótimos resultados, mas a falta de suporte da alta gestão e das áreas de apoio acabou por dissipar a vontade do time de escalar a solução.

Provar novas soluções é uma forma efetiva de fazer a transformação digital e potencializar a inovação. Fazer isso de forma disciplinada aumenta as chances de gerar resultados. Não permita que seu piloto acabe derretendo.

CAPÍTULO 12

AVALIE RESULTADOS E DEFINA OS PRÓXIMOS PASSOS

Recentemente, fomos convidados por uma grande empresa de capital aberto brasileira para falarmos sobre inovação aberta e conhecer suas iniciativas no tema. Passamos duas horas conversando sobre o portfólio de inovação, em especial, as iniciativas com startups. A entrada do funil estava perfeita, com vários projetos sendo desenvolvidos. Já a saída, nem tanto.

O *head* de inovação reclamou da dificuldade de transformar os projetos-piloto em rollouts. Questionamos sobre o que acontecia ao final dos pilotos. Quais os próximos passos depois do Demo Day? Era uma pergunta direta, que, no entanto, resultou em uma resposta longa e um tanto difusa. A verdade é que não havia clareza sobre o processo de avaliação e potenciais rotas pós-piloto.

Casos de inovação aberta

A pandemia acelerou a demanda por transformação digital e criação de novos negócios em grandes empresas. A inovação aberta com startups virou um dos veículos de inovação preferidos para empresas estabelecidas de diferentes setores. Contratar, fazer parcerias, investir e adquirir startups passaram a ser alternativas adotadas para cumprir objetivos de reforço do negócio existente ou entrada em novos negócios.

A BB Seguros, por exemplo, firmou parceria com a plataforma CargOn para oferecer seguro de vida aos motoristas que realizam o transporte de cargas identificadas e cadastradas pela plataforma da startup. A Ocyan, contratou 67% das startups que realizaram projetos-piloto nas duas edições de seu programa Ocyan Waves Challenge. O Magazine Luiza fez mais uma aquisição de startup com a compra da SmartHint.

Não é novidade que o relacionamento de startups e empresas estabelecidas envolve dois contextos distintos, tal como frisado por Steve Blank, pai do *Lean Startup*. De um lado, está uma empresa em fase inicial, atuando em condições de extrema incerteza, à procura de um modelo de negócios escalável e replicável; de outro, uma organização estruturada para extrair o máximo, com previsibilidade, de um modelo de negócio conhecido.

Risco, perda e experimentação

Tentar algo novo não é fácil. Fazer isso conectando agentes que vivenciam dois contextos tão distintos é ainda mais desafiador. Implica em abrir-se para a incerteza e tomar algum nível de risco. Risco pode gerar perda. E ninguém quer perder. Como já vimos, segundo Daniel Kahneman, somos duas vezes mais avessos às perdas do que ambiciosos por ganhos.

Os profissionais que atuam dentro de grandes empresas enfrentam essa dinâmica de forma ainda mais intensa. O medo de falhar e o eventual impacto em suas carreiras fomentam uma tomada de decisão que tende ao conhecido e previsível, afastando-os da inovação. Infelizmente, ficar parado não elimina os riscos de perda. A experimentação, técnica utilizada para validar hipóteses de criação de valor, é a forma mais eficaz de gerenciar os riscos inerentes ao se tentar algo novo. Um projeto-piloto é uma das maneiras de experimentar.

As três fases de um projeto-piloto

No início da adoção da inovação aberta com startups, as empresas acreditavam que realizar Pitch Days era suficiente. Rapidamente, perceberam que não era. Em seguida, vieram as provas de conceito (POCs) e os projetos-piloto.

No estágio de maturidade atual, há consenso de que o objetivo é implementar as soluções em larga escala e medir seu impacto. Ninguém ganha dinheiro com projeto-piloto. O piloto é um meio e não um fim em si mesmo.

Para entender melhor o funcionamento de um experimento, é possível dividir o projeto-piloto em três partes: estruturação, execução e avaliação.

i. O primeiro passo é **estruturar** o projeto-piloto de modo a alinhar as expectativas, definir antecipadamente seu sucesso e estabelecer o que deve ser testado e como será medido.
ii. O segundo passo é **executar** o projeto-piloto e envolve o trabalho conjunto em parceria entre o time da startup e da empresa.
iii. O terceiro passo consiste em **avaliar**, de forma organizada e com base em dados, os resultados e eventos inesperados do piloto, bem como a deliberação dos próximos passos.

Vivenciamos essa realidade centenas de vezes nos últimos anos. Aprendemos que a conclusão do projeto-piloto é tão importante quanto sua estruturação e execução. Sem uma avaliação estruturada, é improvável que o experimento seja validado.

O que ocorre então ao final de um piloto com startups e quais são os caminhos disponíveis?

Não há como tomar decisões baseadas em fatos sem dados adequadamente coletados. É pré-requisito que as partes envolvidas capturem os dados sobre o desempenho das incertezas priorizadas quando da estruturação do projeto-piloto. Além disso, o time deverá identificar os eventos inesperados durante o piloto e os respectivos impactos nos resultados.

Esses eventos inesperados trazem contexto aos resultados, além de eventuais aprendizados adicionais com aquilo que foi originalmente planejado para o teste. Também é importante analisar se "deu *match*" entre o estilo de trabalho das partes envolvidas. De posse dessas informações, a empresa analisa se as incertezas foram respondidas positivamente, negativamente ou parcialmente. Uma reunião entre todos os interessados e envolvidos no projeto é mandatória para que a governança da tomada de decisão seja eficaz.

Insucessos fazem parte do jogo

Recentemente, fizemos uma reunião para consolidar os aprendizados de uma iniciativa para atender a um novo mercado com uma nova solução. Praticamos o que pregamos como abordagem adequada para criar e testar novas soluções: elencamos as incertezas, priorizamos, definimos as hipóteses e a forma de testá-las, fomos a campo, obtivemos feedback, ajustamos e voltamos ao mercado. Seguimos o ciclo e, finalmente, chegamos à conclusão de que a proposta precisava ser retirada do ar, pois não apresentou o *fit* que esperávamos com o mercado.

Avaliamos que alguns elementos da proposta de valor, a dificuldade de atingir o público-alvo e até mesmo a estrutura de atendimento que havíamos montado não atendiam às expectativas do cliente. O mercado sempre é soberano e determina os vencedores. É como dizia o boxeador Mike Tyson quando estava no auge da sua carreira: todo mundo tem um plano até levar o primeiro soco no queixo! O mercado bate, a concorrência bate e, às vezes, até mesmo a nossa própria empresa cria limitações para nossos desenvolvimentos.

A sensação de iniciar as reuniões de lições aprendidas e de encerramento de projeto é bem diferente da sensação ao idealizar os projetos. Entretanto, ao conduzir os pilotos de forma organizada e sistemática, errar cedo gastando pouco lembra a todos que os insucessos fazem parte do jogo da inovação. Só erra pênalti quem bate e só acerta o arremesso decisivo aquele que tem a coragem e a competência de assumir esse tipo de responsabilidade.

Mesmo com todos os cuidados e condução adequada, o jogo da inovação é desafiador. E o que esperar quando não o fazemos dessa forma? O que acontece quando pulamos fases do processo de desenvolvimento e investimos pesado em produtos ainda não validados? Há boas chances dessas criações virarem *cases* a serem estudados nas faculdades de administração.

Recentemente, o site *CB Insights* fez uma lista de 160 produtos lançados por grandes corporações que foram considerados fracassos. A lista contém itens curiosos como bolachas recheadas sabor melancia, comida congelada com marca de pasta de dentes, um sutiã refrigerado de uma famosa marca de água mineral, um energético chamado “Cocaine” com duas vezes mais café na formulação, um famoso salgadinho para crianças em formato de batom etc.

A lista é bem curiosa e fica fácil de analisar depois do fato ocorrido. Ali temos casos de *timing* errado de lançamento (muito tarde ou muito cedo), preço inadequado (normalmente acima do valor que o consumidor estaria disposto a pagar), identificação de que o público-alvo não tinha o problema que o produto tentava resolver, escolha inadequada do canal de vendas, presença de produtos concorrentes, questões visuais ou de proposta de valor, atributos da marca ou até o próprio nome. Enfim, não pretendemos fazer o papel de engenheiros de obras prontas, mas é preciso destacar outra questão: a importância de sistematizar o ciclo de experimentação em grandes empresas.

Experimentos são aproximações da realidade e trazem diversas informações importantes para o refinamento e a tomada de decisão de prosseguir ou não com o projeto. Grandes empresas tendem a pensar grande em tudo o que fazem. Isso não é um problema, desde que não invistam grande muito cedo em todas as iniciativas. Claro que nenhuma abordagem eliminará o risco de fracasso nos lançamentos que são colocados no mercado, mas reduzem o tamanho das perdas. Além disso, trazem consigo um efeito muito importante para a liderança e cultura do negócio: o aumento da segurança psicológica em torno do insucesso.

A incerteza é característica inerente aos projetos de inovação. Tomar decisões de desenvolvimento e comprometimento de recursos muito cedo, baseadas em um plano de negócios cheio de premissas não validadas, compromete as opções disponíveis e torna o desenvolvimento um jogo bastante perigoso.

Errar rápido e barato reduz em muito os impactos econômicos e de reputação dos envolvidos. A estratégia de jogo da inovação não deve ser "*all in*" para empresas estabelecidas. Felizmente, a filosofia do *Lean Startup* começou a ser adotada amplamente em empresas de todos os portes. Originalmente concebido para explicar o processo de desenvolvimento de novos negócios de base tecnológica, o ciclo Build-Measure-Learn (BML) [construir-medir-aprender] passou a ser visto como o caminho para qualquer empresa que precise colocar a inovação em prática.

Os três Es da avaliação de projetos-piloto

A partir disso, há três caminhos alternativos possíveis para o projeto-piloto. Podemos classificar as opções como os três Es:

i. **Encerrar:** é a melhor alternativa quando as incertezas foram negativamente respondidas e a parceria não funcionou adequadamente. Não são raros os casos em que houve resultados interessantes, mas as partes não tiveram *fit*. Trabalhamos com uma startup de inteligência artificial que implementou um projeto em uma indústria farmacêutica. No entanto, os resultados do piloto não confirmaram as hipóteses. Ainda que a experiência tenha gerado aprendizado, a distância entre a expectativa e o resultado obtido determinou que o laboratório optasse por descontinuar o projeto.

ii. **Estender:** é a melhor opção quando as incertezas foram parcialmente respondidas ou determinados eventos inesperados impactaram os resultados. Nesse caso, estender o experimento com o mesmo escopo ou com escopo adaptado pode fazer sentido. O piloto entre uma indústria de alimentos e um marketplace de venda de produtos apresentou resultados interessantes. Uma parte das hipóteses foi validada enquanto a outra não. O trabalho do time foi muito positivo. A indústria e a startup decidiram estender o piloto para responder de forma mais assertiva às incertezas que não puderam ser adequadamente abordadas.

iii. **Escalar:** é a opção natural quando as incertezas foram positivamente respondidas e a parceria funcionou bem. Escalar não pressupõe, necessariamente, sair do zero para o infinito do dia para a noite. Numa operadora de óleo e gás, a solução de uma startup de manutenção preventiva e corretiva apresentou resultados bastante positivos. As incertezas foram respondidas de forma satisfatória. A decisão de escalar a solução foi o caminho mais adequado. Para isso, o time do projeto e a startup desenharam um rollout faseado que otimizasse a relação entre investimento e retorno.

A decisão de escalar um projeto-piloto exige uma análise complementar. O *timing* e a abrangência da adoção, bem como o modelo de relacionamento entre a empresa estabelecida e a startup, são alguns dos temas a serem discutidos. É nesse momento que direitos e deveres de ambas as partes devem ser detalhados. Em síntese, ter a clareza sobre quando **encerrar**, **estender** ou **escalar** projetos-piloto de inovação aberta com startups é primordial para otimizar o portfólio de inovação e o funil de projetos de transformação digital e de novos negócios no ambiente de transformações atual.

O sim, o não e o enxágue e repita da inovação

Em 2021, um dos pensadores mais relevantes sobre inovação do momento publicou o seguinte em sua conta no X (antigo Twitter):

> "Há um mito de que inovação = dizer 'sim' > dizer 'não'.
>
> Na realidade, as empresas que apresentam melhor desempenho:
>
> **i.** realizam pequenos experimentos em muitos projetos ('sim')
>
> **ii.** então, 'matam' aqueles que não produzem evidências ('não') e
>
> **ii.** apostam mais nos projetos que produzem evidências."

O post foi feito por Alex Osterwalder. Ele é um dos idealizadores do famoso Business Model Canvas [ou quadro de modelo de negócios], amplamente utilizado por empreendedores e executivos. A ideia apresentada parece óbvia e simples, porém traz alguns ensinamentos nem sempre praticados pelas corporações.

Pequenos Experimentos / Muitos Projetos

A maioria das grandes empresas gostam de grandes projetos. A construção de uma nova unidade, a mudança do sistema de ERP, a atualização da marca. Todos eles são projetos que mobilizam a alta gestão, os gerentes, bem como os recursos e a atenção da corporação. A construção de uma nova unidade industrial consome centenas de milhões de reais, além da atenção de um grupo importante de executivos durante pelo menos três anos. Já acompanhamos situações como essa diversas vezes com clientes de grande porte. O ponto não é questionar esse comportamento, apenas entender que é da natureza dessas empresas trabalhar com grandes escopos, orçamentos volumosos e cronogramas longos.

Osterwalder propõe pequenos experimentos em quantidade, exatamente o contrário do modelo anterior. Por que será? Parte da resposta está na natureza dos projetos. Em projetos como, por exemplo, construir uma nova fábrica ou trocar o fornecedor do ERP, o planejamento da execução pode ser realizado com boa visibilidade e acurácia, uma vez que a empresa já adquiriu a expertise por meio de experiências anteriores.

Em projetos de inovação, o nível de incerteza e o desconhecimento sobre o comportamento de algumas variáveis tecnológicas, mercadológicas e organizacionais são elevados. Por isso, a abordagem de realizar pequenos e vários experimentos. Esses projetos menores servem para explorar possibilidades e aprender o mais rápido possível, com o mínimo comprometimento de recursos.

Uma analogia interessante é o processo de desenvolvimento de um novo medicamento. A cada dez mil moléculas pesquisadas, uma vai se transformar em produto. Claro que a relação não precisa ser 10.000:1, porém a ideia da abordagem de experimentação no processo de inovação é trazer alternativas viáveis por meio de um aprendizado rápido.

"Matam" aqueles que não produzem evidências

Essa é fase do "não"! "Desligar" um projeto pode ser muito traumático em algumas empresas. Quem autorizou o projeto? Como vamos explicar para a matriz e os acionistas? Como o mercado e os clientes reagirão? Vamos colocar o time do projeto na "geladeira" para dar o exemplo de que não toleramos baixo desempenho?

Quanto maior o projeto, maior a repercussão de um eventual insucesso. Embora essa conclusão pareça óbvia, ela reforça ainda mais a importância dos pequenos experimentos. Com uma abordagem organizada de experimentos fica muito mais fácil tomar decisões baseadas em evidências e dados: quais são os melhores canais para distribuir o novo produto, as melhores ferramentas de comunicação, o modelo de precificação ideal, o formato etc. Tudo pode e deve ser testado para identificar o que tem maior potencial de sucesso. Aqueles que não respondem conforme o esperado geram novos experimentos, com ajustes, ou são descartados. Lembrando que cada um desses "insucessos" traz insumos para novos experimentos e futuros sucessos!

Apostam nos projetos que produzem evidências

Esse é outro problema bastante recorrente em grandes empresas: o rollout dos pilotos de sucesso. Em muitas empresas, existe aquela velha máxima: "queremos mudar não mudando". Isso é basicamente o que chamamos do teatro da inovação. Muita iniciativa e pouca acabativa. Sem o real comprometimento da alta gestão com a inovação, dificilmente haverá mudanças significativas no negócio. Por mais que os experimentos e as evidências apontem para potenciais sucessos.

Com a devida licença, incluiríamos um quarto item na postagem de Osterwalder: "rinse and repeat" [enxágue e repita]. Qualquer resultado dessa abordagem requer intensidade e consistência. A intensidade já foi bem abordada mediante muitos experimentos, e a consistência é garantida por uma visão de médio e longo prazo que permitirá colher os frutos das iniciativas de inovação.

CAPÍTULO 13

OS RESULTADOS SÃO CAPTURADOS NO ROLLOUT

Luz, câmera, ação! O Demo Day do programa de startups é um evento em que os projetos-pilotos executados são avaliados. Em um deles, Marcela, nome fictício da *head* de inovação de uma grande empresa brasileira, conseguiu, depois de muita dificuldade, reunir a alta gestão, times de projetos e fundadores de startups para apresentar os resultados dos projetos. Dos sete apresentados, cinco tiveram recomendação de "rollout". Um número bastante significativo.

No entanto, passados trinta dias, mesmo os projetos aprovados ainda não tinham iniciado. Marcela estava receosa de que a jornada pudesse acabar antes mesmo de ter começado. Projeto-piloto é um espaço controlado para aprender e gerar as informações que permitam investir os recursos necessários para escalar. Ninguém ganha dinheiro fazendo projeto-piloto.

O problema é que, em programas de inovação aberta entre corporações e startups, a taxa de conversão de pilotos em negócios tem sido muito baixa. São poucas as empresas que conseguem ter alto desempenho. Exemplos brasileiros como Ambev, Ocyan, Alelo, Unimed VTRP, SLC Agrícola, Panvel e Trisul são alguns exemplos de ótimo desempenho.

Resultados surpreendentes

Nos últimos anos, participamos de mais de 550 projetos-piloto entre corporações e startups. Vivenciamos diversas ocorrências que impactaram o rollout. A partir disso, foi possível consolidar uma visão organizada sobre quais as causas principais de fracasso, quando eles ocorrem e os potenciais caminhos de solução.

Utilizamos uma amostra selecionada por conveniência de 22 projetos para uma análise detalhada. Antes disso, levantamos as hipóteses das causas possíveis e as distribuímos em função das cinco fases dos programas de conexão com startups: estratégia, *scouting*, Pitch Day, imersão e piloto. Além disso, identificamos as causas relacionadas à corporação, à startup e a ambas.

Mapeamos quinze delas, que podem ser classificadas em três níveis de frequência: alto, médio e baixo. Também foram estabelecidas 28 ações potenciais para mitigar as causas. Os resultados dessa pesquisa são muito interessantes, pois permitem estabelecer ações de mitigação:

i. É possível dividir 20% das causas como sendo de baixa ou alta frequência e os 60% restantes como de média frequência. A priorização de desafios estratégicos de baixo impacto é uma causa de alta frequência. Se os temas de inovação aberta forem mal selecionados, a taxa de conversão cairá significativamente. A ineficácia da solução da startup ou a seleção da solução de um fornecedor convencional, mesmo com a validação da solução da startup, é uma causa de média frequência. Por exemplo: a solução de indústria 4.0 de uma startup de *advanced analytics* não obteve aderência em uma operação fabril de uma empresa farmacêutica. Por outro lado, em uma grande empresa de bens de consumo, tivemos uma experiência na qual, mesmo com a solução de RH da startup apresentando alto desempenho, na hora do rollout, a contratante optou por uma ferramenta tradicional consolidada. Por fim, a falta de recursos da startup para realizar o rollout ou o envolvimento tardio de stakeholders relevantes por parte da corporação são exemplos de baixa frequência que têm potencial de inviabilizar o rollout do piloto.

ii. A maior parte das causas de não rollout é de responsabilidade da corporação: mais especificamente 67% das causas se referem a ações inadequadamente tomadas ou omissões da corporação. Outros 20% se referem a questões das startups. Os 13% restantes são responsabilidade de ambas as partes. A inadequação de processos internos da corporação é um dos exemplos. A adaptação dos processos de suprimentos, jurídico, financeiro e validação de tecnologia foram a razão pela qual um programa de inovação aberta na indústria de energia teve desempenho abaixo do esperado. Já a resolução apenas parcial do desafio ou o descumprimento dos prazos de entrega são causas relacionadas à startup. Naturalmente, pode acontecer que uma solução que funciona num contexto não tenha o mesmo desempenho em outro. Apoiamos uma indústria a adotar uma solução de inteligência artificial na produção, que não teve resultados relevantes e acabou por ser descontinuada. Também há causas relacionadas a ambas, normalmente vinculadas a problemas de relacionamento entre as partes.

iii. A maior parte das ações de mitigação das causas de não rollout se concentra nas fases de estratégia (32%) e piloto (39%). O dimensionamento do impacto potencial da resolução do desafio, com a lente da corporação, é uma das ações possíveis de se fazer na fase de estratégia. Com um cliente do segmento de bebidas, fizemos reuniões com os times de projeto para mapear potenciais impactos da resolução do desafio na origem do processo. Outra ação interessante é validar com as áreas internas, especialmente a de tecnologia, a prioridade dos desafios apresentados ao ecossistema e a existência de eventuais soluções internas concorrentes. Na fase de piloto, o *onboarding* organizado do novo líder e time, quando da mudança de equipe, é uma ação de mitigação altamente eficaz que evita a descontinuidade abrupta do projeto. Numa empresa de alimentos, a transição entre o time original e o novo foi tão bem-feita que no Demo Day estavam todos juntos para comemorar os resultados.

A gestão disciplinada desses riscos é, sem dúvida, mais desafiadora do que o lançamento e a divulgação de novos programas, pois requer acompanhamento frequente, planejamento antecipado e muito contato com todos os stakeholders. Esse papel demanda coragem para cobrar as ações combinadas entre todas as partes em um contexto de múltiplas prioridades que acabam por postergar os investimentos no futuro em favor da continuidade do passado.

O prêmio para esses intraempreendedores é a realização de projetos com impacto real que vão muito além de um bom Demo Day. Esse é o desafio atual de milhares de líderes de inovação brasileiros: ter uma visão concreta das causas, frequência e ações de mitigação, bem como os instrumentos para fazer acontecer. Para que suas iniciativas de inovação não fiquem só no "luz, câmera" e acabem sem o "ação", é importante entender os desafios da transição do estágio piloto para o rollout.

6 Desafios da Transição Piloto-Rollout

Ninguém ganha dinheiro fazendo projeto-piloto. A cultura do "*fail fast, learn faster*" [erre rápido, aprenda mais rápido ainda] não pode confundir os executivos de que o real objetivo da abordagem de experimentação é aprender com baixo custo para "executar corretamente o mais rápido possível".

Um influente pensador do Vale do Silício, Geoffrey Moore, disseminou a ideia de "abismo" como a transição entre consumidores inovadores e os conservadores de determinada tecnologia. Segundo a pesquisa de Moore, as empresas que não conseguem adaptar seus produtos e ultrapassar o abismo não conseguem escalar seus negócios.

Há, contudo, outro perigoso abismo nos projetos de inovação que reside na transição entre o experimento e o rollout. Essa transição não é tão fácil quanto parece. É interessante porque, mesmo quando o experimento validou as hipóteses e possibilitou o aprendizado, a mudança do "modo piloto" para o "modo rollout" apresenta importantes desafios.

Em se tratando de projetos-piloto de inovação aberta entre startups e empresas estabelecidas, o cenário é ainda mais crítico devido à baixa taxa média de conversão dos pilotos em negócios. Recentemente, quando participávamos de uma reunião com o time de inovação da Ocyan, empresa de óleo e gás que converte mais de 65% dos pilotos executados, fomos provocados a classificar os principais desafios dessa transição. Diante disso, o primeiro passo é entender o que muda entre o piloto e o rollout. Identificamos seis temas críticos a serem observados:

1. Aumento do nível de exigência do contratante

Durante o piloto, tanto a startup quanto a empresa estabelecida flexibilizam requisitos para testar o que realmente importa. No entanto, quando a solução vai ser implementada em larga escala, é natural que sejam necessários novos cuidados para gerir o risco da expansão. Por exemplo, com uma instituição financeira com a qual trabalhamos, ao definir o rollout de uma solução de startup e fechar um contrato relevante de médio prazo, estabeleceram-se padrões de atendimento, disponibilidade, infraestrutura e serviço que foram muito mais elaborados do que no experimento.

2. Maior integração com sistemas legados

Projetos-piloto são realizados com baixa intensidade de integração com os sistemas legados. Testamos uma solução de auditoria de PDV com uma indústria farmacêutica. Durante o piloto, no fim de cada dia, as informações coletadas eram inseridas manualmente no CRM e ERP. Essa abordagem funciona para um teste de trinta dias em quatro lojas, mas é inviável para uma operação completa. A integração com os demais sistemas legados envolve adaptações de ambos os lados, além da disponibilidade, interesse e recursos dos parceiros do CRM, ERP e outros sistemas envolvidos.

3. Mudança da área responsável

Os programas de inovação aberta articulam times de intraempreendedores para se dedicarem de forma part-time à execução de projetos em parceria com startups. Por três meses, um grupo de duas a quatro pessoas se envolve para fazer que as coisas aconteçam. Quando ocorre a transição para o rollout, novas áreas são envolvidas e, por vezes, uma nova gestão é definida. Há casos em que a área de tecnologia de sustentação assume a coordenação, enquanto em outras situações, a área beneficiária seleciona um responsável que pode não ter feito parte do time do piloto.

4. Indefinição ou falta de sincronia de orçamento

Projetos-piloto podem ser financiados por áreas de inovação, pelas próprias unidades de negócios beneficiárias ou por uma combinação de ambas as partes. São projetos que têm baixo nível de investimento. Soluções *plug and play* podem ser bastante acessíveis se o escopo do projeto for reduzido, como recomendado em experimentos. Alternativas com maior grau de customização podem demandar mais recursos. O problema ocorre quando o projeto é validado e não há orçamento disponível ou quando é necessário aguardar o processo de *budget* do ano seguinte para dar os próximos passos. A empresa corre o risco de perder *timing* e uma oportunidade objetiva de gerar resultados.

5. Disponibilidade de recursos para o rollout

Os recursos necessários para o rollout não são apenas financeiros. O recurso mais escasso em empresas estabelecidas é a atenção gerencial. É essa atenção da alta gestão que garante a alocação de pessoas, mobilização da organização, sinalização da prioridade e, consequentemente, aumenta as chances de o projeto dar certo. Se o projeto não for importante para alguém relevante, ele não escala. Às vezes, mesmo com evidências claras de validação do piloto, o rollout fica aguardando gente boa com prioridade disponível para dar andamento.

6. Alteração da mecânica e instrumentos de controle

A gestão do projeto na fase de piloto envolve experimentação, flexibilidade e velocidade em ciclos curtos. As hipóteses a serem validadas direcionam a execução. Os acompanhamentos são frequentes. No entanto, durante o rollout, as empresas tendem a utilizar outros referenciais metodológicos com estrutura, mindset, framework e frequência de acompanhamento distintos.

Os seis desafios apresentados indicam aspectos relacionados a governança, método, recursos e sistemas. A cultura do "*fail fast, learn faster*" é um símbolo do papel do erro no processo de inovação. No entanto, uma parcela dos projetos de experimentação, especialmente os projetos-piloto com startups, naufraga na transição para o rollout.

O enfrentamento antecipado desses desafios aumenta as chances de ter disponíveis tempo e engajamento de todas as partes para construir caminhos alternativos e executar em larga escala o mais rápido possível. Antes que se caia no abismo.

Tipos de Projetos de Inovação: como dimensionar projetos de rollout

Na mitologia grega, Cronos, o caçula dos titãs, representa as características destrutivas do tempo, que consome todas as coisas — o passado engolido pelo futuro, a geração mais velha suplantada pela seguinte. Na mitologia corporativa contemporânea, o tempo também exerce efeito para as empresas que querem inovar. Inovar é uma forma de desafiar o tempo. Requer que se invista hoje, sem saber o que vai ocorrer no futuro.

No contexto de inovação em empresas estabelecidas, ainda que muito tenha se falado sobre organizações exponenciais e antifrágeis, o que se percebe nas trincheiras é que as empresas que têm sucesso são conservadoras, têm culturas estabelecidas fortes e são menos sensíveis a esperar o tempo passar para saber se algo vai dar certo.

Os intraempreendedores que pretendem criar e escalar algo novo em uma empresa estabelecida têm que provar que determinado projeto vai dar certo antes que ele tenha sido executado. É como se um pai se visse obrigado a dizer o que o filho de três meses de idade vai ser quando crescer.

A solução para esse desafio é dimensionar, estimar e mensurar os resultados de iniciativas de inovação com disciplina. O mestre Clayton Christensen abordou as limitações e alternativas das análises financeiras no contexto de projetos de inovação. Porém, não encontramos uma categorização aplicável que facilite para aqueles que estão dentro de grandes empresas — especialmente aqueles sensíveis ao risco — propor, executar e medir o sucesso de projetos de inovação.

O objetivo aqui é apresentar os tipos de ganhos potenciais, os diferentes tipos de projetos e os *drivers* e desafios de dimensionamento de impacto.

Ganhos potenciais

O alto nível de incerteza e ambiguidade dos projetos de inovação torna as projeções convencionais muito sensíveis a falsos positivos e falsos negativos. Você não sabe quais são as variáveis nem qual é a distribuição delas. Nesses casos, não há dados para subsidiar as projeções.

A professora Rita McGrath escreveu um artigo seminal, intitulado *Discovery-Driven Planning*, sobre o planejamento de novos negócios. Ela apresenta uma estratégia interessante, em que a experimentação serve para descobrir dados que servirão para posterior estimação. De forma geral, é possível tipificar os ganhos de projetos de inovação em tangíveis e intangíveis. Os ganhos tangíveis são facilmente identificáveis e quantificáveis. Os intangíveis são percepções subjetivas, difíceis de serem visualizadas quantitativamente.

O primeiro passo ao estimar-se os ganhos de um projeto de inovação consiste em identificar onde ele se encaixaria nesse eixo que vai dos ganhos mais tangíveis aos mais intangíveis. Por exemplo, de um lado, projetos como o lançamento de um novo calçado, focado em um novo segmento de clientes, para uma empresa calçadista. As novas vendas são facilmente identificáveis mesmo que esse não seja o único ganho potencial existente. O projeto poderá abrir opções futuras interessantes que, no momento inicial, são difíceis de mensurar. Do outro lado, uma nova plataforma que permite melhorar o controle da emissão de gases de efeito estufa por parte da mesma indústria. Nesse caso, ainda que altamente relevante, a melhoria da produtividade do time de sustentabilidade pode ser mais difícil de ser dimensionada e, consequentemente, sustentada internamente.

Cada projeto demanda uma visão sob medida de como podem ser estimados e dimensionados os ganhos potenciais. Em algum momento, especialmente na hora de alocar um volume maior de recursos, será necessário fazer as contas. Não há saída. Então é melhor entender os *drivers* de valor e os desafios da mensuração.

Cinco tipos de projetos de inovação

A experiência com centenas de projetos de inovação em empresas estabelecidas nos possibilitou identificar cinco tipos de projetos com impactos distintos.

1. **Os projetos de novas receitas** são os que se encontram no canto direito do continuum. Um novo produto, uma nova oferta de serviço digital, um novo canal de distribuição, são projetos em que são criadas fontes de receitas. Por exemplo, uma empresa de venda de produtos que decide desenvolver a oferta de um serviço financeiro. A estimação do ganho pode ser desafiadora, dada a incerteza mercadológica, mas não há dúvidas sobre como identificá-lo.

2. **Os projetos de receita incremental** são aqueles em que o impacto se dá no incremento da venda dos produtos e serviços existentes. Por exemplo, uma empresa de massas e biscoitos que oferece uma nova experiência no ponto de venda (PDV) com o uso de realidade aumentada. Com isso, ela potencializa a venda dos produtos atuais. Receitas incrementais são facilmente identificáveis, mas nem sempre a relação de causa e efeito com o projeto fica evidente. Quanto do incremento de vendas veio em função da nova experiência no PDV? O teste A/B é uma boa forma de isolar essas variáveis dependentes.
3. **Os projetos de economia** são aqueles em que o impacto se mede em função da redução de custos e despesas existentes. Por exemplo, uma tecnologia de mensuração de perda de produto que substitui a análise humana e manual, ou ainda, uma solução que reduz a perda de estoque no centro de distribuição. Os ganhos são normalmente identificáveis, embora existam exemplos nos quais a redução de despesas é teórica e não efetiva, como quando a empresa reduz os custos de pessoal, mas não dispensa o time existente, realocando-o para outra função.
4. **Os projetos de mitigação de risco** são aqueles em que se realiza algo para que um evento adverso deixe de ocorrer. É o caso do uso de uma tecnologia de predição de falha na indústria de óleo e gás, por exemplo. Os ganhos podem ser relevantes, mas será necessário um histórico de dados sobre falhas para que se possa justificar o investimento. Há casos em que isso é bastante claro. Em outros, nem tanto.
5. **Os projetos de produtividade** são aqueles em que existe ganho de performance indireta e não tão facilmente identificável. Uma nova solução de cotação e reembolso de despesas de viagens para a equipe de vendas pode reduzir o tempo de atividades operacionais e permitir aos vendedores que se dediquem mais ao relacionamento com clientes relevantes. Mas como atribuir os resultados indiretos à implementação da nova solução?

Estimar o potencial de impacto dos projetos de inovação é uma demanda recorrente em empresas estabelecidas. A experimentação é uma forma inicial de gerar dados para o dimensionamento.

Nesses casos, a estimação se dá em função de premissas, algo que exige criatividade no desenho da solução e coragem para se comprometer com novos caminhos. O entendimento dos potenciais ganhos e dos tipos de projetos pode auxiliar os intraempreendedores a lidarem com os desafios do tempo para inovar.

Como manter a cadência de execução?

Abordagens de experimentação, projetos-piloto, POCs, MVPs e outras variações do mesmo tema têm sido bastante adotados pelas empresas. Essa mentalidade traz ganhos que visam o rápido aprendizado sobre as incertezas inerentes a projetos de inovação. Além disso, permite ajustar o quase sempre incompleto — e até incorreto — plano em relação ao produto, processo, modelo de negócio ou serviço que se está desenvolvendo.

É bastante usual também que haja uma sequência de experimentos, até que surja um conjunto de evidências suficientemente robustas para a tomada de decisão em relação ao futuro do projeto: seguir ou não seguir (o famoso *go / no go*)? Talvez um dos erros mais comuns cometidos nessa fase está relacionado com a forma de avaliar os resultados dos pilotos. De forma geral, o desempenho financeiro obtido nessa etapa não deve ser o único fator considerado ao decidir se escalar ou não.

Em alguns casos, a dimensão financeira nem está entre os principais indicadores, especialmente quando se está trabalhando com tecnologias e modelos de negócios disruptivos. Normalmente, esse tipo de projeto leva tempo para maturar e começar a gerar resultados financeiros, portanto as métricas de análise não são tão óbvias como o simples lucro da operação. Há diversos casos de empresas que apontam para essa situação, como Uber, Airbnb, Google, Amazon e tantas outras. Nesses casos, se a única métrica de avaliação utilizada tivesse sido a financeira, talvez algumas delas não teriam alcançado a escala e o sucesso que obtiveram.

Cada organização terá o seu conjunto de métricas para avaliar se o projeto deverá continuar ou não. Em alguns casos, é possível utilizar uma matriz para posicionar o projeto em quadrantes, o que determinará sua continuidade. Essa matriz poderá ter eixos como o potencial de retorno, a capacidade de execução, o nível de confiança sobre o projeto, o grau de prioridade em relação ao portfólio existente, o tamanho do investimento, o *funding* disponível etc.

De certa forma, as iniciativas de inovação que, por meio de experimentos, se mostram promissoras, precisam escalar para realmente trazer resultados consistentes. Focar apenas sessões de ideação, workshops, Pitch Days ou pilotos, sem continuidade, contribui mais para o chamado "teatro da inovação" do que para a efetiva evolução do negócio desejada.

Quais são os desafios de escalar o projeto?

Alguns desafios comuns e recorrentes criam dificuldades na hora de escalar soluções inovadoras nas empresas. Elencamos alguns deles a seguir.

Desafios de inovação radical / novos negócios

Quanto mais inovadora a solução, maiores serão os problemas encontrados na hora de escalar. As estruturas existentes nas empresas funcionam bem com projetos incrementais, com riscos previsíveis e controlados. Projetos de maior grau de inovação e ruptura são mais difíceis de serem aceitos na empresa tradicional. Além disso, projetos de inovação de novos modelos de negócios também tendem a ser mais desafiadores, uma vez que o modelo de gestão da estrutura existente pode ser conflitante com o novo.

Para tentar romper esse desafio, é sempre importante lembrar que, ao se desenvolver qualquer projeto de inovação, deve haver o chamado alinhamento estratégico. Do ponto de vista prático, cada projeto precisa ser um "veículo" para entregar a visão do futuro estabelecida pela empresa. Caso contrário, dificilmente haverá apoio interno suficiente para o rollout. O projeto inovador deve ser visto como uma visão da estratégia ambidestra necessária para construir o futuro, e para tanto, deve permitir seu desenvolvimento. Além disso, sempre há a possibilidade de criar uma estrutura específica para conduzir o crescimento do projeto dentro da organização.

Desafio de métricas

Negócios inovadores tendem a levar algum tempo para chegar à maturidade. Mesmo na fase de escalar a solução, nem sempre as métricas serão as mesmas do piloto. Por exemplo, se o projeto for um novo produto ou serviço, indicadores relacionados ao crescimento, satisfação e efetiva solução do problema existente deverão ser levados em consideração. A melhor forma de vencer esse desafio está na estruturação de métricas adequadas ao contexto de um projeto de inovação ainda em fase *scale-up*. Elas devem levar em consideração a natureza do projeto e o horizonte de tempo dos objetivos associados.

Desafio das competências

As competências do time envolvido em escalar a solução precisam combinar o melhor dos dois mundos: o da criação e o da execução. Mesmo o projeto já tendo passado da fase de experimentação, haverá uma grande necessidade de criatividade para comunicar e ampliar a adoção, disciplina para executar as atividades, excelente interação entre diferentes áreas envolvidas e gestão dos recursos. A escolha da equipe que será envolvida para escalar a solução é muito importante. Assim como na fase de piloto, deixar a liderança e os principais stakeholders próximos ao projeto garantirá relevância e pessoas qualificadas trabalhando nele.

Desafio da gestão da mudança

A chamada inércia organizacional leva muitos projetos de alto potencial ao fracasso. Em algumas empresas, é bem difícil implementar qualquer tipo de mudança, por mais promissora que seja. Conforme o tempo for passando, poderá haver também uma certa perda de interesse na iniciativa. Em diversos casos, as fases iniciais de ideação, e mesmo o piloto, recebem muita atenção por parte das pessoas e, até mesmo da liderança. À medida que o projeto avança, pode haver uma desmobilização dos envolvidos. Um processo organizado de gestão da mudança e sensibilização de todos os participantes é fundamental para a manutenção das iniciativas. Fomentar a mentalidade de mudança ajuda na mobilização em prol do objetivo. Comunicar propósito e vincular ao que se está fazendo também potencializa a capacidade de o time colaborar para escalar o projeto.

Desafio da agilidade

Outro desafio bastante comum ao escalar projetos de inovação é manter a mentalidade ágil. Em geral, os times que trabalham nos pilotos aplicam total ou parcialmente a visão ágil, frequentemente utilizando frameworks como o Scrum. No entanto, quando o projeto passa do piloto para o desafio de escalar, parece que tudo é esquecido e nada mais é considerado importante. Independentemente de utilizar algum framework ou ferramenta, as empresas que conseguem manter os princípios da agilidade mesmo na fase *scale-up* do projeto têm mais chances de sucesso. Aceitar a mudança, entregar valor constante, satisfazer o cliente, colaborar por meio da inovação aberta, refletir e ajudar, entre outros, continuam sendo muito relevantes nessa fase e devem ser aplicados.

DESTAQUES

A Segunda Parte do livro tratou do passo a passo da inovação aberta com startups. Destacamos oito aprendizados que lhe serão úteis no dia a dia.

1) A geração de resultados da inovação aberta com startups depende da execução de uma disciplina de sete etapas;
2) A definição da estratégia estabelece expectativas e garante foco para a iniciativa;
3) A organização da governança e a participação das áreas de apoio são a base do sucesso dos projetos;
4) O *scouting* direcionado ao ecossistema mais qualificado para cada desafio potencializa os resultados;
5) A seleção das soluções deverá ser feita por quem for executar os projetos, a partir de critérios objetivos;
6) Os projetos-piloto devem ter escopo claro e ser construídos de forma imersiva;
7) A avaliação dos projetos precisa ser realizada de maneira disciplinada com os tomadores de decisão;
8) A captura de valor ocorre ao escalar a execução das soluções.

EXPERIÊNCIAS DE INOVAÇÃO ABERTA COM STARTUPS

PARTE 3

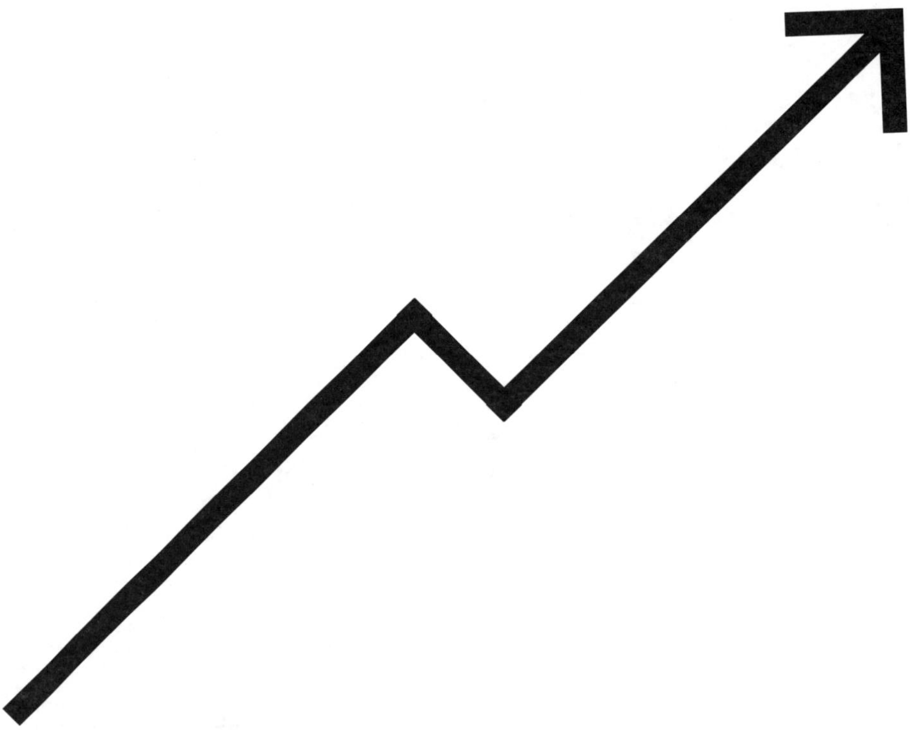

"AGILIDADE E FLEXIBILIDADE GARANTEM A SOBREVIVÊNCIA DA INOVAÇÃO NO GRUPO PANVEL."

Alexandre Arnold e Fabio Toffoli Machado, diretor de TI e head de inovação do Grupo Panvel, respectivamente, contam como o pioneirismo tecnológico no setor de varejo farmacêutico criou um ambiente fértil para a inovação com parceiros.

Você provavelmente não sabe, mas a nota fiscal eletrônica número 0001, a primeira no Brasil, foi emitida pelo Grupo Panvel, em 2006. Fundado em 1967, no Rio Grande do Sul, o Grupo é composto por três empresas: a rede de farmácias Panvel (lojas físicas e canais digitais de vendas), o laboratório farmacêutico Lifar (dedicado à pesquisa e ao desenvolvimento de novos produtos da marca própria Panvel e à produção para outras empresas), e a distribuidora de medicamentos Dimed.

"Sempre tivemos uma veia inovadora e, ao mesmo tempo, somos muito próximos dos clientes, o que contribui, também, para a assertividade das nossas decisões. Para exemplificar, todos os diretores-executivos participam frequentemente de atendimentos em lojas, de escuta em *call centers*. Então, apesar de sermos uma empresa de R$4 bilhões de faturamento, com quase seiscentas lojas, mantemos a cultura de 'barriga no balcão' — expressão do nosso fundador e Presidente do Conselho, Julio Ricardo Mottin", descreve Alexandre Arnold, diretor de TI. Por causa desse espírito, a empresa sempre se mantém atenta às oportunidades e às soluções rápidas e objetivas para os problemas que surgem.

De acordo com Arnold, no grupo Panvel, o *budget* de investimento em TI sempre foi enxuto e, por isso, é preciso ser criativo na procura por soluções. "Antes mesmo de surgir essa nomenclatura de inovação aberta, startups etc., nós já trabalhávamos com versões beta de fornecedores. Um caso clássico na nossa história é o da Neogrid, empresa com a qual começamos uma parceria para desenvolver um software no início dos anos 2000 e que hoje é uma das grandes provedoras de software de *supply chain* no Brasil e na América Latina."

Mas o movimento que marca a guinada do Grupo Panvel rumo à consolidação da inovação aberta aconteceu em 2015. Com os softwares de atendimento aos clientes da empresa obsoletos, o caminho escolhido foi conceber um sistema próprio, um *omnichannel* nativo. "Entre 2015 e 2018, construímos um sistema que unificou pontos de venda, aplicativo, site e televendas em uma central comum de funcionalidades, representada por componentes únicos de software para todos os canais. Na prática, isso nos deu a oportunidade de conhecer profundamente a experiência de compras do cliente. Hoje, sugerimos novos produtos e até avisamos o cliente, na loja, sobre compras não efetivadas que estão no carrinho virtual e que podem ser concluídas no balcão", lembra Arnold.

A qualidade do sistema chamou a atenção de startups interessadas em oferecer novas soluções para serem plugadas à plataforma do Grupo Panvel. A construção da plataforma, baseada em APIs, agilizou essa conexão com parceiros externos. "Um bom exemplo desse movimento ocorreu em 2017, quando adotamos um *chatbot spin-off* de uma *software house* que foi segmentada. Um time inteiro saiu da startup para focar essa solução e veio trabalhar em parceria com a gente", comenta Arnold.

“ ***Como resultado, rodamos o primeiro* chatbot *do Brasil com escala acima de dois dígitos de milhares de acessos.”***

A inovação possibilitou ao Grupo Panvel atender mais de 40 mil pessoas por mês via *chatbot*, demonstrando a facilidade de plugar soluções ao chassi de seu *omnichannel*. O reconhecimento veio rápido, em forma de premiações, e de contatos de outras startups que buscavam fazer parte do ecossistema de inovação que a companhia começava a fomentar. Além da demonstração de fluidez e agilidade na conexão de soluções na plataforma, em 2018, o Grupo Panvel era praticamente o único no Brasil a ter um *omnichannel* aberto ao mercado — outros grandes varejistas ainda estavam construindo os seus.

“ ***Fomos premiados entre as cem empresas mais inovadoras pela* IT Mídia. *Nosso case foi campeão no varejo e ficou na sétima colocação geral. Além disso, o Gartner, uma das maiores empresas de consultoria sobre tecnologia global, escolheu o Grupo Panvel como case de varejo na América Latina em 2018”, lista Arnold.***

O grande interesse despertado fez a companhia notar, em 2019, que tinha uma fortaleza interna, um campo fértil para o intercâmbio tecnológico capaz de influenciar o planejamento estratégico como um todo. Diante dessa oportunidade, o Grupo criou o Panvellabs, um laboratório de inovação focado em varejo com o objetivo inicial de acelerar conexões com startups via *omnichannel*. Esse momento marca a chegada do *head* de inovação, Fabio Toffoli Machado, ao Grupo.

Inovação superando a pandemia

Com o lançamento do Panvellabs, no início de 2020, foram definidos os primeiros movimentos e os objetivos desse programa de conexão inicial com startups. Arnold ressalta que, desde o primeiro dia do Labs, sempre houve metas e objetivos alinhados com a busca por soluções para o grupo e seus clientes.

“ ***Nós nunca fizemos inovação pela inovação.”***

O primeiro passo foi construir o programa, de mãos dadas com a diretoria. Um grupo de trabalho foi formado com o *C-level* da empresa e ficou definido que o norte do trabalho do Panvellabs seria manter o cliente no centro, uma tradição da empresa, desde o balcão físico até o ambiente virtual. Dessa forma, o ecossistema de inovação orbitaria em torno da hiperpersonalização da experiência digital dos clientes.

Para concretizar a meta, o Panvellabs direcionou o radar para a busca por soluções em inteligência artificial e modelos preditivos que orientassem o cliente na sua jornada pela farmácia. Só que não havia modelo preditivo capaz de identificar uma pandemia a caminho.

Nesse contexto, Machado, Arnold e outros quinze profissionais envolvidos com o Panvellabs, em meio a todos os temores relacionados à saúde e a um cenário de ameaças e incertezas, se viram preocupados também com a sobrevivência da nova iniciativa: "Além dos desafios naturais de fazer um projeto recém-iniciado prosperar, passamos a perseguir um resultado inicial rapidamente. Em no máximo cinco ou seis meses, imersos naquele cenário adverso, precisávamos demonstrar a relevância do Labs para que ele não fosse encerrado", lembra Arnold.

E a ideia que fez o Panvellabs resistir, no início da pandemia da Covid-19, foi o desenvolvimento de um sistema de prescrição eletrônica. Com a maioria das pessoas em casa, sem circular, a solução garantiria a manutenção do tratamento de quem fazia uso de medicações de uso contínuo. O modelo aberto do *omnichannel* do grupo comprovou, mais uma vez, sua agilidade: em três semanas, no início de abril, a Panvel já oferecia um sistema para processar prescrições eletrônicas em seus canais de atendimento, com a participação de quatro startups.

"Funcionava assim: nossos clientes recebiam a receita assinada eletronicamente pelo prescritor e a remetiam para nós. O sistema verificava a autenticidade e realizava a dispensação do produto na farmácia, seguida pela entrega na casa do paciente", descreve Machado.

> **"*Incorporar a prescrição eletrônica poucas semanas após o início da pandemia demonstrou a destreza e a agilidade do Panvellabs, além de ter sido a tábua de salvação para a continuidade do nosso ecossistema com startups."***

A partir desse lampejo de inovação, o comitê de tecnologia do Grupo Panvel decidiu, em maio de 2020, manter todas as frentes de projetos durante a pandemia. Em vez de frear qualquer movimento, a empresa promoveu programas de aceleração que resultaram no acréscimo de trinta pessoas à operação digital, a fim de lidar com as demandas geradas pela crise sanitária.

"O dinamismo daqueles três meses iniciais da pandemia é algo que eu jamais tinha visto em mais de trinta anos de carreira — muita incerteza, variação de contextos e tomadas rápidas de decisões", destaca Arnold.

> **"*No fim das contas, o Panvellabs acabou sendo uma bússola. Sem essa estrutura de inovação, não teríamos tido a flexibilidade nem a agilidade necessárias para construir soluções na pandemia.*"**

Passado o momento crítico, o Panvellabs entrou nos eixos com mais calma, estabelecendo uma dinâmica de abertura de funil para seleção de startups — sempre com a diretoria e os stakeholders envolvidos.

Entre o final de 2021 e o início de 2022, o Grupo Panvel se aproximou de grandes *players* de variadas áreas para planejar os passos seguintes em inovação aberta. Após conversas com Unimed, GPA, Nestlé, Porto Seguro, e outros, a companhia entendeu que investir num programa de aceleração seria o próximo passo de maturidade.

Fruto dessa mesma busca, foi o início do relacionamento com a Innoscience, que trabalhou com o Grupo Panvel para consolidar sua estratégia e seus pilares de inovação: "Definimos, por exemplo, que olharíamos para a saúde e o bem-estar, com as farmácias posicionadas como centros de saúde — dada a capilaridade pelo território nacional e por ser muitas vezes o primeiro ponto que as pessoas acessam para os cuidados em saúde", pontua Machado.

> **"*Para o nosso negócio, a farmácia é um pilar. É o que nos mantém perto do cliente, com ele sempre no centro, como é a tradição da empresa desde o início.*"**

Todo o processo de recrutamento, provas de conceito (POCs) e implementação de soluções têm sido contínuos, ano a ano, num programa de conexão, aperfeiçoamento e experimentação *ongoing* com as startups. "Atualmente, temos mais de 1.600 startups sendo observadas e outras 23 no portfólio, já conectadas em diversas áreas de negócios — logística, RH, estoque etc.", comenta Machado.

Reputação e boas relações

Ao longo desse processo contínuo e perene de fomentar um ecossistema de inovação aberta, Arnold avalia que o Grupo Panvel assumiu protagonismo e liderança regional, sendo, por exemplo, um dos fundadores do Instituto Caldeira, um relevante hub de inovação do Rio Grande do Sul.

Além disso, há uma forte percepção de mercado de que o Grupo Panvel é uma marca inovadora, o que acaba refletindo também numa maior atração e retenção de talentos para a empresa. "Temos profissionais que recusaram propostas de trabalho no Facebook, no Google. Você para e pensa: 'Poxa, uma farmácia atraindo talentos em tecnologia e rivalizando com as *big techs* em inovação?'. É um dos sinais de que estamos acompanhando o mercado e que ele nos enxerga como inovadores", comenta Arnold.

Outro ganho é a comunicação com as startups em uma relação transparente e horizontal, que traz os colaboradores à mesma mesa do *C-level* para testar os projetos e negociar modelos de financiamento e de implementação das soluções e parcerias.

"Conversamos de igual para igual com as startups, de empreendedores para empreendedores, na busca de soluções em comum, de crescimento em conjunto. E não fizemos nenhum trabalho específico para estabelecer isso. Acho que é muito da cultura de uma empresa que começou pequena e hoje é grande", descreve Arnold.

Atualmente, o foco de inovação da empresa está no desenvolvimento de modelos preditivos para que as plataformas do Grupo Panvel ofereçam produtos de forma personalizada, como funcionam os catálogos do Spotify e da Netflix, baseados em informações pregressas sobre os hábitos e preferências do usuário.

"O modelo preditivo com IA é utilizado em vários canais para personalizar a comunicação com o cliente, incluindo ações de e-mail, *push notification*, SMS, entre outros, resultando em um aumento nas vendas de itens específicos. Além disso, o modelo é utilizado para recomendar itens no Cupom Bem Panvel", explica Machado.

> **"*Quando usamos o modelo preditivo baseado em IA, fazendo sugestões ao longo da jornada do cliente, a média de conversão é três vezes maior.*"**

MOOVE APOSTA EM INOVAÇÃO PARA LUBRIFICAR AS ENGRENAGENS DA INDÚSTRIA 4.0

Fábio Limeira Afonso, gerente de Soluções e Serviços de Engenharia, e Brenno Rocha de Brito, engenheiro de Projetos e Inovação, descrevem a trajetória de inovação aberta do Moove Solutions Lab.

A Moove é uma das maiores produtoras e distribuidoras de lubrificantes e óleos básicos do Brasil. No país, ela produz e distribui os lubrificantes Mobil™ e atua em segmentos dos mais variados, como automotivo, agrícola, aéreo, naval e industrial. Como parte do Grupo Cosan, atua em onze países. Resumidamente, onde houver motores e maquinário, a Moove está lá, oferecendo produtos e serviços que melhoram o desempenho, bem como proporcionando manutenção preditiva, com tomadas de decisão baseadas em análises constantes dos lubrificantes — que podem prever problemas e evitar danos e paralisações.

No início dos anos 2020, a companhia se deparou com o desejo de inovar nos serviços que oferecia aos clientes, sobretudo em relação à lubrificação industrial.

> “Em geral, as pessoas não associam lubrificantes à inovação porque pensam em uma mera aplicação de produto para manter as engrenagens girando. Nosso olhar vai além. A lubrificação é fundamental para a Indústria 4.0, pois possibilita a implementação de técnicas preditivas, sensoriamento, análise estatística de dados e outras inteligências relacionadas ao monitoramento do lubrificante em operação”, ressalta Fábio Limeira Afonso, gerente de Soluções e Serviços de Engenharia da Moove.

Limeira Afonso lembra que a ideia de buscar relacionamentos com startups não surgiu visando lidar com dores internas da Moove, mas sim para resolver, e até mesmo antecipar, as dores de seus clientes industriais: “A iniciativa nasceu como um projeto ‘da porta para fora’, a fim de gerar benefícios para os clientes, que vão além da tecnologia dos nossos produtos. Nosso alvo é diferenciar nossos serviços, sofisticando o que oferecemos ao mercado”, resume.

Outro norteador da iniciativa foi estabelecer a Moove como uma empresa que atrai e retém talentos por ser reconhecida como um ambiente inovador.

> “Estrategicamente, a Moove passou a atuar com o foco em conectar-se com o futuro da indústria”, completa Brenno Rocha de Brito, engenheiro de Projetos e Inovação.

A materialização dessa iniciativa ocorreu em 2021, com o lançamento de um programa de inovação para conectar a companhia de forma estruturada às startups: o Moove Solutions Lab.

Jornada multidepartamental

Delineando o modelo em parceria com a Innoscience, uma das primeiras escolhas foi alocar os recursos da companhia envolvendo pessoas de todas as áreas, incluindo aquelas com poder de decisão, a fim de iniciar o processo de inovação com um *sprint*.

> “A premissa da inovação aberta dentro da Moove era de que ela tinha que ser estruturada de maneira multidepartamental”, recorda Rocha de Brito.

A ideia era garimpar, dentre os colaboradores, pessoas interessadas no desafio, com poder decisório, e que conhecessem a fundo o mercado, a fim de mapear onde valia a pena focar os esforços de inovação.

Como a Moove deseja que a indústria esteja no centro de seu modelo de inovação e que essa ideia perpasse todas as áreas da corporação, nada mais natural do que o Lab nascer com profissionais de diversas áreas.

Além disso, a seleção precisava ser criteriosa para diversificar o perfil dos envolvidos: "Era necessário evitar uma predominância de pessoas que já trabalhavam na área industrial, porque o mais provável, nessa configuração, seria focar manter os serviços rodando de uma maneira mais tradicional. O olhar de pessoas sem contato com o segmento industrial tende a trazer elementos mais disruptivos para os projetos", explica Rocha de Brito.

O Lab também serviu para introjetar na cultura da empresa os desafios prioritários da Moove visando materializar o futuro que a companhia estava projetando. Após seis dias de imersão com a equipe multidepartamental, foram listadas 197 ideias de potenciais serviços. Da lista original, 23 serviços foram detalhados e 10 deles foram priorizados. Ao final do funil, 5 serviços foram escolhidos para serem desenvolvidos em parceria com startups:

- Automação de diagnósticos de análises laboratoriais;
- *Analytics* e *dashboard* online interativo;
- Plataforma de treinamentos e capacitações;
- Gestão dos estoques dos clientes (VMI);
- Monitoramento online e análise preditiva.

> **"*Para sacramentar a iniciativa, tivemos o sponsorship consistente de dois VPs: Mara Pezzotti e Gerson Francisco", relembra Limeira Afonso.***

Virada de chave

Limeira Afonso e Rocha de Brito são unânimes ao apontar como um dos principais legados da implementação do Lab a descoberta de que é possível operar com uma metodologia ágil, aprendendo a realizar com poucos recursos e em curto espaço de tempo, testando hipóteses e tomando decisões sobre se vale a pena investir em uma ideia ou não.

Outro ganho destacado é a transformação do ambiente, influenciado por uma cultura de inovação em consolidação.

> **"*Todo mundo que participou do início do Lab, está mais ávido por inovar, com a cabeça aberta para novos caminhos e soluções. Com isso, temos pessoas em todos os cantos da empresa, semeando uma mentalidade de que é preciso seguir se reinventando para construir diferenciais competitivos", observa Limeira Afonso.***

Outros fatores-chave para o sucesso do Lab, aponta Rocha de Brito, foram a definição de escopos e a comunicação entre os envolvidos nos projetos, incluindo todos os níveis da empresa.

> **"*Quando se fala em inovação, resolução de problemas e novas soluções, é fácil deixar-se levar pela empolgação e nunca aterrissar", diz o engenheiro. "Essa empolgação traz o risco de se traduzir em escopos maiores, com metas mais ousadas do que as que somos capazes de entregar. Então, aprendemos que temos que ser criteriosos na seleção do escopo e diligentes no andamento dos projetos, com revisões constantes para nos mantermos alinhados com o combinado inicialmente."***

A partir do Lab e do fomento de novos serviços no portfólio da Moove, houve também uma virada de chave em relação a como a empresa se apresenta para os clientes, tanto os antigos parceiros como recém-chegados, gerando novos modelos de negócio, posicionando a Moove, também, como uma marca de serviços.

> **"*O caminho mais comum de relacionamento com os clientes costumava ser o de fornecer o lubrificante e oferecer serviços complementares, como um suporte para o produto", descreve Limeira Afonso. "Agora, passamos a enxergar o serviço como uma porta de entrada para o relacionamento com o cliente, com o lubrificante vindo como consequência."***

O relacionamento com as startups também é mencionado por Rocha de Brito como fonte de aprendizados.

"É desafiador estarmos numa posição de intermediários entre quem demanda e quem oferece um serviço inovador. O desenvolvimento de uma solução para terceiros envolve uma série de implicações complexas, tais como questões relacionadas a propriedade intelectual e outros aspectos contratuais. Caminhamos de mãos dadas com os parceiros, mas os acordos requerem um nível extra de cuidado quando o negócio não é da 'porta para dentro'. É preciso alinhar as expectativas dos envolvidos, durante o percurso, para manter o equilíbrio, um 'ganha-ganha' ao longo de todo o processo. Por isso, a escolha dos parceiros certos, com o nível de maturidade e de disposição que nosso programa pede, faz toda a diferença", analisa Rocha de Brito.

Espalhando novos frutos

Exemplos de soluções que são frutos do Lab e do relacionamento da Moove com startups não faltam.

Um deles é a plataforma de treinamentos e capacitações, uma demanda levantada a partir da pesquisa com indústrias.

> **"*Uma dor mapeada é a falta de conhecimento das equipes de manutenção dos clientes industriais sobre lubrificantes e lubrificação para tomada de decisão no dia a dia da área", comenta Limeira Afonso.***

De acordo com Rocha de Brito, "é uma forma de darmos suporte ao cliente mesmo não estando fisicamente lá dentro. Aumentamos a nossa presença de forma estratégica". Este *case* foi construído em parceria com a Scaffold Education.

Do relacionamento com a startup Delfos, por sua vez, surgiu uma solução para a automação de análises laboratoriais que trouxe ganhos impressionantes para os clientes industriais da Moove.

Ao automatizar processos manuais, análises digitais com algoritmos permitem correlacionar variáveis que ficavam ocultas em análises humanas. Como resultado, o diagnóstico é mais assertivo e proporciona uma maior inteligência a partir dos bancos de dados de análise de óleo das máquinas, auxiliando na tomada de decisão dos clientes industriais.

“O piloto mostrou que seremos capazes de realizar o diagnóstico de uma quantidade de amostras que costumávamos processar em um ano em apenas 24 horas”, celebra Rocha de Brito.

Os bons resultados colhidos nas parcerias levaram a Moove a dar um passo além: o lançamento, em janeiro de 2023, da plataforma Moove Engineering Solutions, que oferece serviços a partir da bem-sucedida inovação com startups promovida pelo Lab.

“Tivemos bons resultados com os pilotos e com outros desenvolvimentos internos. Agora, precisamos tracionar, então priorizamos colocar mais esforço naqueles projetos que têm maior potencial de resultado”, explica.

OCYAN ACELERA A INOVAÇÃO SEM RENUNCIAR À SEGURANÇA

Patricia Grabowsky, gerente-executiva de Inovação e Transformação Digital, conta como a inovação criou raízes — e rende bons frutos — na empresa do setor de óleo e gás.

A história da inovação na Ocyan, empresa do setor de óleo e gás, começou em 2018, quando o ainda diretor Rodrigo Lemos foi ao Vale do Silício, nos EUA, para fazer o curso executivo da Singularity University.

De volta ao Brasil, com a cabeça fervilhando de ideias, Lemos mergulhou em pesquisas sobre inovação aberta, startups, realizou *benchmarks*, além de iniciar provocações internas nesse caminho, já que a Ocyan sempre focou garantir a excelência operacional e a segurança em seus serviços no mercado de óleo e gás.

Já no ano seguinte ao período de Lemos nos EUA, 2019, a Ocyan lançou a primeira edição do seu programa de chamada para inovação aberta, o Ocyan Waves Challenge. O objetivo era entrar em contato com startups em busca de novas soluções. O programa foi elaborado em parceria com a Innoscience, que já atuava como consultora de inovação da Braskem, pertencente ao mesmo grupo empresarial da Ocyan.

A iniciativa foi bem-sucedida desde o planejamento, passando pela escolha das startups participantes e dos desafios a serem enfrentados, com intuito de apresentar *cases* que efetivamente trouxessem resultados para a empresa.

Com o sucesso da primeira e da segunda edições do Ocyan Waves Challenge, Lemos, então diretor da área de produção offshore (relacionada à exploração de petróleo em alto-mar) e líder do início da inovação aberta com startups na empresa, recebeu um convite para assumir uma nova área, reportando diretamente ao CEO — à época, Roberto Bischoff: a vice-presidência de Inovação e Novos Negócios. O movimento representou uma virada na empresa, de olho no futuro dos negócios de Óleo e Gás, priorizando temas como transição energética e descarbonização.

Quem conta essa história sobre o início da inovação aberta na Ocyan é Patricia Grabowsky, gerente-executiva de Inovação e Transformação Digital. Ela explica que a empresa opera em um ritmo acelerado em comparação a outras companhias, com tomadas de decisão agilizadas pela confiança entre liderança e liderados.

> **“ *Temos uma cultura de muita autonomia, de estabelecer uma relação de confiança com quem está envolvido nos projetos. E a inovação aberta deu* match *com esse DNA da empresa. Não vemos problema em buscar parceiros com competências que não dominamos para acelerar novas soluções. Muito pelo contrário”, afirma Grabowsky.***

De acordo com a gerente, a agilidade corporativa acelerou não apenas a construção de um ecossistema de inovação aberta como a colheita dos frutos, gerando valor de forma rápida e visível para a organização. Isso não é nada simples, uma vez que a Ocyan é composta por diversas unidades de negócios abrangendo todo o mercado de óleo e gás:

> ***“Geralmente, as empresas de óleo e gás se dedicam a partes específicas da cadeia de valor. No nosso caso, temos um portfólio diverso de ativos e unidades, atuando desde a perfuração até a construção submarina, produção e manutenção. Essa atuação transversal e complexa também é campo fértil para semearmos novas soluções e parcerias”, descreve Grabowsky.***

Início da escalada

Os primeiros desafios selecionados para fazer parte da inovação aberta na Ocyan estavam ligados a desafios gerais da empresa. Já na segunda edição do Ocyan Waves Challenge, o foco era encontrar soluções relacionadas ao *core business* da companhia, o que foi fundamental para obter ganhos de escala com as novas soluções e, sobretudo, trazer retorno rápido.

> **“Em poucos meses, as startups já estavam comprovando valor para a organização em desafios importantes, como a predição de falhas em BOPs, que são equipamentos críticos em sondas de perfuração, por meio de inteligência artificial. A inovação aberta trouxe eficiência operacional sem renunciar à segurança, que é uma responsabilidade inegociável dentro da Ocyan”, relembra Grabowsky.**

Com o passar do tempo, e com a alta liderança totalmente alinhada à cultura de inovação na empresa, os desafios foram se espalhando para outras áreas, incluindo departamentos ligados ao back office, como suprimentos e saúde ocupacional.

> **“Uma evolução em nossa abordagem foi perceber que as oportunidades de inovar não estão ligadas apenas a questões operacionais e que nem sempre precisamos abrir chamadas para descobri-las. Atualmente, damos autonomia para que as diversas áreas da empresa procurem se conectar com startups sem nossa intermediação inicial”, explica Grabowsky.**
>
> **“Claro que se a área precisar de qualquer apoio para o desenvolvimento da parceria, estamos à disposição. Mas a ideia é de que a organização não fique 100% dependente da área de inovação para acoplar startups ao negócio”, completa.**

A gerente ressalta, contudo, que a área de inovação acompanha de perto todos os pilotos e contratações, posicionando-se como apoio para projetos operacionais (*core*) e dedicando mais energia aos projetos adjacentes e transformacionais.

Envolvimento de todos os níveis

De acordo com Grabowsky, a inovação precisa estar sob a gestão de líderes que acreditam nela. E isso se consolidou quando a alta liderança percebeu que o funil de inovação aberta com startups estava se tornando um gerador de receitas para a Ocyan.

> ***"A partir do momento em que começamos a comercializar soluções surgidas do nosso relacionamento com startups, ganhamos reputação interna, respaldo da alta gestão, e reconhecimento no mercado como uma empresa aberta para parcerias", destaca a gerente executiva.***

Proporcionar um ambiente receptivo à inovação só foi possível porque a organização desburocratizou processos para facilitar o relacionamento com as startups, sobretudo agilizando as aprovações de novos projetos e os trâmites jurídicos envolvendo novos contratos.

> ***"Desde o início já envolvemos o jurídico para manter o ritmo dos novos projetos que iniciávamos. E sempre de mãos dadas com o compliance da empresa. A área de inovação e novos negócios mantém uma linha direta de contato com esses departamentos para fazer a roda girar com agilidade e segurança, tanto do ponto de vista legal como de governança", aponta Grabowsky.***

Para completar esse ciclo virtuoso de engajamento entre todos os níveis de colaboradores da Ocyan, em 2022 foi lançado um programa de intraempreendedorismo, com campanhas solicitando ideias para todos os integrantes da companhia.

> ***"Tivemos uma surpresa: metade das sugestões veio de quem trabalha offshore, embarcado, longe dos escritórios. Isso demonstrou que eles também estavam engajados com o drive da inovação e querendo participar dessa agenda", comenta Grabowsky.***

Para a gerente-executiva, esse feedback demonstra que as iniciativas de inovação na Ocyan criaram um ambiente de credibilidade e uma reputação interna positiva, além de serem bem divulgadas e atrativas para os envolvidos para todos os setores da companhia.

Aprendizados diversos

Grabowsky destaca que um dos principais ganhos intangíveis ao longo do processo de inovação aberta foi a atração e retenção de talentos — algo que se manifesta por meio de depoimentos que expressam um senso de pertencimento e orgulho por trilhar uma jornada inovadora dentro da Ocyan.

> ***“Quem participa, quem se engaja, enxerga a Ocyan como uma empresa que, de fato, investe em uma agenda que hoje é super-relevante: a de promover a sustentabilidade dentro do negócio. Além dos resultados comerciais e para o meio ambiente, isso é altamente positivo para nossas relações com clientes e colaboradores”, valoriza.***

Como ganhos tangíveis, a gerente-executiva menciona, orgulhosa, um portfólio de 47 projetos criados a partir da inovação aberta, com retorno sobre o investimento (ROI) de mais de 200%.

> ***“A inovação na Ocyan precisa gerar valor. Por isso, precisamos, de maneira constante e organizada, acompanhar o desenvolvimento e os resultados de cada projeto para garantir que nosso propósito está sendo atingido”, pontua Grabowsky.***

É claro que percalços também ocorrem. Foi o caso de um sistema de comunicação desenvolvido em parceria com uma startup cujos sócios se desentenderam ao longo do processo.

Grabowsky lembra que a startup foi descontinuada e o episódio trouxe aprendizados para os envolvidos com a gestão daquele projeto. A gerente pontua que a experiência negativa aconteceu numa área em que poderia acontecer, e não trouxe prejuízos que colocassem em risco a própria continuidade do fomento à inovação com startups.

> **“ *Se o que aconteceu na comunicação tivesse acontecido em um de nossos ativos offshore, talvez a iniciativa de inovação aberta perdesse força na Ocyan. Felizmente tivemos os aprendizados não tão positivos em um ambiente seguro e que não impactava diretamente as operações da companhia”, relembra.***

Dois anos depois, a mesma área de comunicação retomou a confiança na inovação aberta e rodou uma nova solução com outra startup. Esse reengajamento do time foi fundamental, já que o departamento de comunicação é chave para divulgar as iniciativas de inovação da companhia, construindo a credibilidade dessa agenda. Credibilidade que, pontua Grabowsky, também deve se estabelecer a partir de um controle do fluxo de iniciativas de inovação.

> **“ *A organização precisa resistir à tentação de alimentar o pipeline com novos projetos sem cuidar do fluxo. Não adianta abrir campanha após campanha de inovação sem considerar a capacidade de realização. Movimentos assim criam ambientes de frustração, em que as pessoas lançam boas ideias, mas não percebem o retorno”, avalia.***

Sucesso materializado

É com orgulho que Grabowsky menciona os programas Ocyan Waves Challenge — que faz *matchmaking* com startups maduras para a solução de desafios internos e codesenvolvimento de novas soluções — e Ocyan Waves Booster — que acelera startups para a evolução da agenda ESG e busca oportunidades de novos negócios.

Do Ocyan Waves Challenge, por exemplo, nasceram soluções como o Drill Pipe Integrity Management Tool (DPIMT), com o objetivo de apoiar a gestão, seleção e monitoramento dos *drillpipes*, equipamentos críticos para as operações de perfuração. Com o uso de inteligência artificial, o software auxilia no processamento de dados com foco em redução de riscos operacionais e tomada de decisão.

Outro fruto do Challenge foi o projeto para levantamento de campo inteligente, no qual um sistema web adaptado à rotina de delineamento do operador passou a entregar agilidade, aumento da qualidade e transparência da informação.

Por sua vez, a primeira edição do Ocyan Waves Booster, em 2022, selecionou três startups em estágio de validação. Entre julho e dezembro, elas receberam mentoria, capital de arranque e uma jornada personalizada para a aceleração.

> ***"O Ocyan Waves Booster foi pioneiro. Fomos a primeira empresa do setor de óleo e gás no Brasil a lançar um programa 100% focado na aceleração de cleantechs, exclusivamente visando buscar soluções ligadas à eficiência energética, baixo carbono e outros tópicos ligados à agenda ESG", celebra Grabowsky.***
>
> ***"A disciplina e a agilidade que mantivemos no início de nossa jornada em inovação aberta nos proporcionou a robustez necessária para darmos passos cada vez maiores na agenda de Inovação da Ocyan. Quatro anos após o lançamento do primeiro programa de inovação aberta, a área se transformou em uma Unidade de Negócios com foco em comercializar soluções ligadas à tecnologia, inovação e novas energias. Entendemos que precisamos ser protagonistas do futuro da Ocyan, conectando tecnologia com sustentabilidade", completa.***

PLANTANDO COLABORAÇÃO PARA COLHER EFICIÊNCIA

COMO UMA RENOVAÇÃO NA CULTURA CORPORATIVA FEZ DA SLC AGRÍCOLA UMA LIDERANÇA EM INOVAÇÃO NO AGRONEGÓCIO BRASILEIRO.

A inovação aberta com startups começou a partir de 2015 com a incorporação da agricultura digital na SLC Agrícola, uma das maiores produtoras de *commodities* agrícolas do país, com cerca de 670 mil hectares de área plantada em 22 unidades de produção em 7 estados brasileiros. O movimento representou a consolidação de uma nova fase estratégica da companhia, em que a tecnologia passou a ser um eixo central para o ganho em eficiência.

"Nosso planejamento estratégico passou a contemplar novas tecnologias e a dar ênfase a temas como agricultura digital, inteligência artificial, visão computacional, agricultura de precisão etc.", detalha Frederico Logemann, *head* de inovação da SLC Agrícola.

No entanto, no período de 2015 a 2018 a empresa avançou, impulsionada pelo conselho de administração e pela diretoria, passando a buscar soluções tecnológicas além do ERP. Foi um período de experimentação e apoio de algumas startups, entre elas a Strider, que hoje é a solução da

Syngenta Digital chamada Protector. Segundo Ronei Sana, Gerente de Agricultura Digital, "nesse momento a empresa era mais reativa e não havia uma abordagem organizada" o que significou a entrada de variadas soluções tecnológicas na empresa, vindo de inúmeras frentes, gerando um problema inicial: a redundância de projetos de inovação.

Como a reputação da SLC no ambiente do agronegócio nacional já é por si só um atrativo para inovadores que buscam plugar suas soluções a negócios bem estabelecidos, organizar esse fluxo foi fundamental para a criação de uma área destinada a alavancar a inovação na empresa.

"O *approach* inicial das startups foi trazer soluções para experimentarmos. Porém, o fluxo era tão intenso que acabamos testando tecnologias semelhantes em diferentes fazendas, por mais de uma vez", relembra Logemann.

O alerta fez a empresa se organizar para interagir de maneira mais racional e eficiente com as startups. Um bom exemplo disso foi um dos primeiros programas impulsionados dentro da organização por meio de soluções via startup, o AgroX.

> ***"Passamos a inverter a lógica de sermos reativos para conseguirmos testar todas as soluções que chegavam até nós. Começamos então a fazer pesquisas internas, entrevistas com os gestores, a fim de identificar nossos problemas. A partir desse diagnóstico, definimos que dores atacar", descreve Logemann.***

Redefinidos o foco na relação com as startups e a abordagem dos problemas, o próximo passo foi investigar qual seria a disponibilidade das pessoas para testar as soluções necessárias. Mais importante do que criar interesse nos colaboradores era encontrar tempo nas agendas, e convencê-los da importância de dar prioridade a determinados projetos envolvendo soluções com startups parceiras.

Liderança como exemplo

Não demorou para que a alta gestão da empresa percebesse uma dificuldade na hora de priorizar quem eram, internamente, os responsáveis por organizar a interação com as startups.

Foi quando um dos membros do conselho de administração entrou em cena como parceiro, até mesmo como representante do time de inovação para o alto escalão da organização.

"Um dos conselheiros de administração levou o tema da inovação com startups para a mesa nas discussões do conselho, explicando metodologias e terminologias tais como as provas de conceito (POCs), Produto Mínimo Viável (MVP) e convencendo a liderança de que haveria ganhos de eficiência com esse movimento", conta Logemann.

Esse evangelismo de cima para baixo estimulou a diretoria a acompanhar e validar, etapa por etapa, o método próprio da SLC para fomentar e manter um ecossistema de inovação ao seu redor.

O primeiro passo consistente nessa direção foi a criação do CIA — Centro de Inteligência Agrícola — uma estrutura dedicada de profissionais visando testar, implementar e manter as soluções. Em 2019, como resultado de um alinhamento do papel da inovação com a alta gestão, surgiu o AgroX, um programa de relacionamento com startups em parceria com a Innoscience. O programa de inovação selecionou, dentre 185 inscritos, 20 startups para um Pitch Day, realizado na AgTech Garage, em Piracicaba (SP).

O funil se estendeu para uma etapa de imersão com dez startups e outra filtragem que classificou sete remanescentes para realizar pilotos. Por fim, três delas foram selecionadas para a fase final, de prototipagem e POC. Duas empresas brasileiras, a Agrumete e a Dattos, desenvolveram soluções para superar o desafio do gap de produtividade agrícola e para a automação contábil, respectivamente. A argentina Acronex, por sua vez, trouxe soluções para a gestão de uso de defensivos agrícolas.

O AgroX mobilizou 46 colaboradores da SLC Agrícola, divididos em grupos de trabalho dedicados a abordar cada um dos dez desafios da fase de imersão. De acordo com Logemann, o movimento foi essencial para que as pessoas envolvidas conhecessem as dinâmicas de funcionamento de uma startup e tivessem contato com maneiras mais ágeis de resolver problemas.

Para exemplificar o engajamento e o impacto da liderança na jornada de estabelecer a inovação na SLC, Logemann ressalta a compreensão de que os colaboradores envolvidos em novos projetos de inovação não tinham tempo disponível para atividades que ultrapassassem o escopo de trabalho rotineiro. Portanto, houve flexibilidade em relação a pedidos de tempo extra para a implementação de novas soluções e até um programa de incentivo monetário que consistia em um bônus para o colaborador que se engajasse em novas frentes de inovação.

Além disso, a diretoria está presente em 100% das rodadas de apresentação de projetos e novas tecnologias, propondo insights, questionando soluções e, sobretudo, chancelando um ambiente corporativo que provoca a inovação.

> **"** ***A cultura da SLC valoriza a disciplina e a consistência. E isso nos garante estabilidade e direcionamento estratégico mesmo quando trilhamos novos caminhos", valoriza Logemann.***

"Há empresas em que percebemos que as prioridades mudam com muita intensidade e frequência. Isso cria nas pessoas uma dúvida na hora de assumir riscos, de apostar na inovação", completa.

Concretizando metas

Uma vez organizado o fluxo de novas soluções oferecidas por startups e a priorização e implementação dos projetos de acordo com o plano estratégico da empresa — visando sempre o ganho de eficiência — a jornada de inovação deslanchou na SLC.

"A partir das primeiras POCs, passamos a dominar algumas tecnologias que foram sendo integradas naturalmente aos processos da empresa. Quando olhamos para nosso mapa estratégico ou as metas de bônus, já enxergamos novas tecnologias de maneira bem específica. Por exemplo, sabemos que vamos economizar 'xis' milhões com o uso do Weedseeker, que é uma tecnologia de precisão para a aplicação de herbicida", detalha Logemann.

Ou seja, passado o primeiro momento de afunilar e priorizar o que testar diante das dezenas de soluções que não paravam de chegar, o segundo momento significou apropriar-se das novas tecnologias que se mostravam eficazes para gerar metas quantitativas e sustentar uma nova área de agricultura digital na SLC.

Logemann também comenta sobre outros ganhos tangíveis que são fruto da iniciativa de introjetar a inovação com startups na cultura da empresa.

"Construímos um portfólio de inovação sólido que nos capacita a discernir com maior precisão entre as ofertas de novas tecnologias que aparecem. Sabemos o que já foi testado e não funcionou, e agora temos uma estimativa mais precisa de até que ponto vale a pena investir em um teste, com base nos resultados que ele pode oferecer para o negócio", explica o *head* de inovação.

Logemann afirma também que a SLC passou a conhecer melhor o caminho para testar novas soluções. Desde como montar um *squad* para trabalhar temporariamente em um projeto, quais são os indicadores que é preciso mapear, como fazer o rollout e até como mensurar os resultados.

> **"A inovação já está tão incorporada em nossa cultura corporativa que deixou de ser novidade. Virou rotina."**

Ao longo dessa trajetória, outros aspectos importantes foram se desenvolvendo, entre eles, o fortalecimento da estrutura de tecnologia da informação, com os recursos e *capabilities* necessários para estabelecer esse relacionamento com o ambiente externo de forma eficaz e segura.

Em relação aos ganhos intangíveis trazidos pela inovação aberta, Logemann ressalta a integração dos colaboradores em torno ao tema: "A comunicação sobre inovação dentro da empresa é muito proveitosa. Todos os colaboradores sabem que são bem-vindos a apresentar ideias, quais são os canais para isso e que podem se candidatar a participar dos *squads* de vários projetos.

Frutos maduros

Um dos *cases* de destaque nessa trajetória de seis anos desenvolvendo a inovação aberta na SLC Agrícola foi o da automação da calibragem de distribuidores de fertilizantes sólidos. Logemann recorda uma série de percalços, como a POC que se alongou mais do que o esperado por causa da pandemia da Covid-19.

"Costumamos dizer que tudo o que poderia dar errado nesse projeto, deu errado. Houve falta de componentes, os técnicos não podiam ir até as fazendas por causa das restrições sanitárias de circulação. Quando a circulação de pessoas começou a voltar, tivemos problemas com os equipamentos. Discutimos por várias vezes se continuaríamos ou não com os testes", recorda.

Persistiu-se por um ano e meio, mas os resultados finalmente chegaram e agradaram à diretoria. O resultado foi a transformação de um processo que costumava levar dois dias para algo implementado em poucas horas.

"A iniciativa foi de um analista júnior. Mas ele estava tão engajado e confiante no projeto que contagiou a todos. A solução acabou acontecendo e sendo implementada em todas as nossas fazendas."

Outro motivo de orgulho na trajetória de inovação da SLC, dessa vez se aventurando para além das fronteiras do próprio negócio, foi o lançamento, em 2022, da marca Horizonte SLC. O objetivo da iniciativa era fortalecer e estruturar a cultura de inovação e adoção de tecnologias disruptivas no agronegócio brasileiro, incentivando e inspirando todas as camadas de decisão a potencializarem seu mindset de crescimento, e, assim, fomentar a troca de conhecimento, trazendo ganhos para toda a economia.

Segundo Ronei, outras iniciativas com startups em diferentes graus de maturidade podem ser destacadas. São os casos de "Solinftec, Perfect Flight e Zeus que abordam temas de eficiência operacional relacionados à gestão meteorológica, aplicações aéreas de insumos e gestão operacional de máquinas".

De 2017 até agora, a empresa executou cinco edições de seu programa de inovação com startups aplicando diferentes abordagens de captura das dores internas e executando com disciplina as demais etapas. Recentemente, para reconhecer os projetos implementados em larga escala, em vez de realizar apenas Pitch Days (dias dedicados a conhecer novas tecnologias de startups), a empresa passou a executar Rollout Days, em que são comemorados e reconhecidos projetos que tiveram impacto.

A LONGA E ÁGIL TRAJETÓRIA DE INOVAÇÃO NA UNIMED VTRP

Rosilene Knebel, superintendente-executiva, relata a caminhada da cooperativa de saúde do interior gaúcho rumo ao relacionamento com startups.

A Unimed Vales do Taquari e Rio Pardo (Unimed VTRP), no Rio Grande do Sul, começou a trabalhar oficialmente com inovação aberta no final de 2018. Mas, de acordo com a superintendente-executiva Rosilene Knebel, esse processo teve início com uma estratégia para impulsionar a inovação na empresa, a partir de um diagnóstico de cultura corporativa, definido ainda em 2015. Knebel relembra:

> **"Como somos uma cooperativa médica, a cultura da organização sempre trabalhou com mentalidade 'erro zero' e aversão a risco, que é própria da atividade médica. Para inserir inovação nesse contexto era necessário uma transformação."**

A primeira medida foi fazer um treinamento de *Design Thinking* com 100% dos colaboradores e da diretoria. O formato escolhido foi o de workshops com oito horas de duração em que variados grupos identificavam um problema da organização e precisavam elaborar um mapa de empatia, construir soluções e defendê-las num pitch.

A partir dessa iniciativa, em 2016, a Unimed VTRP reformulou seu programa de banco de ideias, criando uma plataforma gamificada para incentivar o *input* dos colaboradores.

> **"*Tivemos uma enxurrada de ideias. As melhores ideias eram encaminhadas para áreas já existentes que, envolvidas com seus processos, acabavam por não as priorizar", relembra Knebel.***

O passo seguinte foi envolver a liderança, entre 2017 e 2018, a fim de desburocratizar o fluxo de inovação. A materialização desse movimento foi trabalhar com gestores sobre o papel da liderança, metodologias ágeis e a simplificação dos processos da organização.

Nessa simplificação, houve uma redução de 20% dos colaboradores e uma diminuição considerável das estruturas de controle e atividades. "Ficamos com as atividades essenciais para atender o que era relevante para o cliente, o cooperado e a legislação. Com isso, agregamos valor a esses públicos e geramos economia para a organização", comenta Knebel.

Após um processo de mais de três anos reestruturando a cultura corporativa, renovando o mindset da liderança e enxugando a estrutura organizacional — tudo isso para criar um ambiente mais inclinado a assumir riscos —, chegara a hora de iniciar um processo de conexão com startups.

Entre o fim de 2018 e o início de 2019, a Unimed VTRP entrou em contato com a Innoscience e iniciou o programa Innovation, para acelerar iniciativas internas com soluções de startups parceiras, permitindo experimentar projetos estratégicos fora da metodologia até então convencional na empresa.

No início de 2019, após um diagnóstico de inovação, a cooperativa estruturou o Labs VTRP, que atuaria como uma aceleradora interna.

O Labs VTRP seria o responsável por trabalhar a cultura de inovação e intraempreendedorismo, o programa de conexão com startups (Innovation) e alguns projetos estratégicos em forma de MVP.

Nessa jornada de inovação, Knebel relembra que, durante uma apresentação de projeto para a diretoria, quando não se conseguia materializar um ROI, o presidente da Unimed VTRP na época, Aldo Pricladnitzki, surpreendeu a todos com a seguinte frase:

> **"** ***Algumas coisas a gente precisa crer para ver."***

"A frase virou um mantra para nós. Ele é um impulsionador. Isso significa que temos uma liderança que está 100% comprometida com a inovação, apoiando, ciente de que há situações em que é preciso apostar, sem retorno garantido", descreve Knebel.

Escala na Califórnia

No fim de abril de 2019, duas semanas após o lançamento do Innovation, Knebel rumou para o Vale do Silício, juntamente com o presidente, o vice-presidente e um diretor da Unimed VTRP. O que mais ouviram por lá, segundo a superintendente, foram conselhos sobre procurar por startups para resolver problemas específicos e trabalhar o mindset ágil na organização. Essa rodada de intercâmbio na meca da inovação mundial só fortaleceu a convicção de que estavam no caminho certo.

Knebel reforça que a liderança segue de perto toda a rotina de inovação aberta desde o início, quando ainda nem havia áreas específicas de inovação na Unimed VTRP.

"A liderança sempre participa de todos os pitches que recebemos, selecionando os desafios e dando suporte para as decisões sobre onde vamos focar a inovação", comenta.

Um momento que simboliza o engajamento dos líderes com a inovação aberta foi o evento de pitches do primeiro Innovation, em 2019, quando foram trazidas, presencialmente, 24 startups inscritas nos desafios. A empresa lotou seu auditório com capacidade para trezentas pessoas, convidando vários públicos da região, colaboradores e a imprensa, que deu ampla cobertura. Em 2023, a cooperativa está na

5ª edição do programa e o nível de participação da diretoria segue na mesma intensidade.

> **"*A liderança valida os desafios, a escolha das startups para os pilotos, e os projetos que terão continuidade dentro da organização. Ou seja, a inovação é tratada como pauta estratégica na Cooperativa", garante Knebel.***

Colmeia de inovação

A excursão pelo Vale do Silício, em 2019, inspirou a Unimed VTRP a criar seu próprio hub de inovação, com foco na vertical saúde e *biotech*, o Vibee. Hoje o hub acelera startups de todo o país na fase de ideação (Vibee Start), com produtos no mercado (Vibee Go) e realiza investimentos. Está em seu quinto *batch*, tendo acelerado sessenta startups de todo país e realizado investimento em quatro.

Outra frase marcante do ex-presidente da Unimed VTRP, Aldo Pricladnitzki, foi dita durante uma entrevista para o *Draft*, plataforma especializada em inovação, no lançamento do hub. Ao ser perguntado sobre as expectativas em relação ao Vibee, ele cravou:

> **"*Eu não tenho expectativas. Porque se eu trabalhar com expectativas, estarei colocando um limite para o Vibee. Trabalho com possibilidades. Possibilidades de cada um de vocês e de cada startup que passar por ele."***

"Trabalhar com possibilidades, não com expectativas", relembra Knebel, virou outro mantra na Unimed VTRP, contribuindo para a consolidação de uma cultura de inovação na unidade.

Com o norte indicado pelos mantras, Knebel enxerga que o programa de conexão com startups, o Innovation, trouxe agilidade à organização: "Rodar um piloto em três meses, com a metodologia da Innoscience, obtendo indicadores que validam ou não uma solução, é um processo muito veloz e barato, e influenciou fortemente a cultura da cooperativa."

Para exemplificar os efeitos positivos que o Innovation trouxe à Unimed VTRP, Knebel conta que, na primeira edição do programa, a cooperativa contratou 62% dos pilotos que rodaram. Na segunda edição, 71%. No Innovation 3, as contratações subiram para 87% e no Innovation 4, 67%: "É um índice de conversão alto, que nos motiva a seguir lançando desafios e buscando soluções no ecossistema de startups", pontua.

Por causa dessa esteira contínua de inovação, e do alto nível de sucesso nas parcerias, a superintendente estima que 30% da mídia espontânea da Unimed VTRP é alcançada graças ao Vibee e aos programas de conexão, incluindo iniciativas com repercussão nacional.

"O relacionamento com as startups, por si só, também traz outros ganhos intangíveis. Um deles é ser percebido como uma organização aberta. Constatamos isso pelos relatos das startups nos contando sobre o quão fechado é o mercado de saúde, as dificuldades de acessarem as operadoras e, sobretudo, o cliente final", pontua Knebel.

"Outra vantagem não mensurável com o Vibee e o Innovation, é a de estarmos monitorando o que está acontecendo em termos de inovação no mercado de saúde. Como as startups vêm até nós com as mais variadas soluções, conseguimos perceber as novidades no setor. Com mais de cem startups se inscrevendo para cada *batch* do Vibee e quase duzentas em cada ciclo do Innovation, temos uma boa noção, mesmo estando no interior do Rio Grande do Sul, dos rumos que o mercado está tomando."

Superando a pandemia

Como os ganhos tangíveis do Innovation, Knebel enumera a incorporação da telemedicina, em tempo recorde, no início da pandemia da Covid-19: "Enquanto algumas operadoras levaram de dois a três meses para colocar o teleatendimento no ar, em dois dias já tínhamos um pronto atendimento médico virtual 24h, disponível para os nossos clientes. Em uma semana, todos os nossos médicos estavam aptos a atender remotamente, graças ao piloto rodado no Innovation em 2019", relata Knebel.

Outros casos de destaque do Innovation foram os testes rápidos para Covid no início da pandemia, a triagem virtual dos pacientes do pronto atendimento, e o acompanhamento posterior do paciente atendido, além de ferramentas operacionais de uso interno, como uma solução para automatizar processos e cobranças de clientes inadimplentes.

"Embora as soluções sejam muito variadas, todas elas se conectam ao grande desafio da saúde de ampliar o cuidado ao paciente, melhorando a qualidade e otimizando o custo assistencial. Acreditamos na tecnologia como um caminho para oferecer uma medicina de mais qualidade e ao mesmo tempo mais acessível a todos", completa Knebel.

TOOLKIT PARA INOVAÇÃO ABERTA COM STARTUPS

PARTE 4

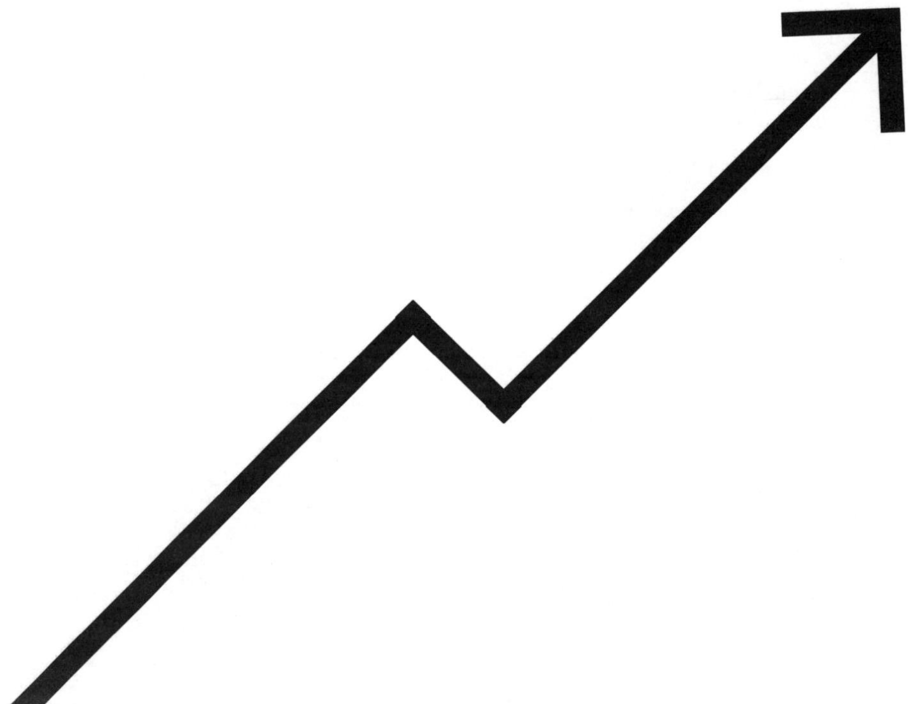

TOOLKIT PARA INOVAÇÃO ABERTA COM STARTUPS

Um toolkit é uma caixa de ferramentas. Este toolkit de inovação aberta com startups apresenta o passo a passo e as ferramentas de aplicação das ideias apresentadas no livro. Essas mesmas ferramentas são utilizadas pelas empresas e casos detalhados no capítulo anterior.

Apresentação

O Toolkit está estruturado a partir das principais atividades envolvidas na jornada de relacionamento com startups:

1. Como capturar desafios de inovação aberta com startups;
2. Como descrever um desafio;
3. Onde e como buscar startups;
4. Como estruturar um bom pitch;
5. Como construir um piloto;
6. Como executar um piloto;
7. Como avaliar resultados.

Antes disso, contudo, fazemos um breve alinhamento conceitual importante quanto a alguns dos principais termos e palavras que você encontrará ao longo deste material.

GLOSSÁRIO		
STARTUPS: Consiste em uma organização temporária em busca de um modelo de negócios repetível e escalável.	**PROJETO-PILOTO/POC:** É um experimento destinado a testar a hipótese de criação de valor de uma nova solução.	**COWORKING:** É um espaço onde várias empresas e *freelancers* compartilham o mesmo ambiente de trabalho e ideias, dividindo entre si as despesas gerais e os locais de área comum.
INCUBADORA: É uma organização que abriga, capacita e oferece oportunidades para alavancar empresas cujos produtos, processos ou serviços resultem de pesquisas que atestem a necessidade mercadológica, para os quais a tecnologia e a inovação representam alto valor agregado.	**ACELERADORA:** São empresas cujo objetivo principal é apoiar e investir no desenvolvimento e rápido crescimento de startups, ajudando-as a obter novas rodadas de investimento ou a atingir seu *breakeven* (ponto de equilíbrio empresarial), isto é, o momento em que as receitas e as despesas se igualam.	**PITCH:** Apresentação sumária de 3 a 5 minutos com o objetivo de despertar o interesse da outra parte.
SPONSOR: Patrocinador/Padrinho de um projeto.	***VENTURE CAPITAL*:** Modalidade de investimento focada em startups.	**HUB:** Espaço físico ou virtual onde várias startups podem estabelecer suas operações.
ROLLOUT: Do inglês "desenrolar", refere-se à contratação de um projeto-piloto gerido entre empresas por meio de fornecimento ou parceria.	***SMART MONEY*:** Ou dinheiro inteligente, é um conceito utilizado para a captação de aportes que, além do dinheiro, incluem mentorias, conexões e abertura de portas no mercado por parte do investidor.	**EQUITY:** Porcentagem de participação acionária na empresa.
***TAYLOR MADE*:** Conceito que designa aquilo que é feito sob medida. Em outras palavras, reflete aquilo que é personalizado de acordo com a necessidade do cliente.	**TOOLKIT:** Conjunto de guias e diretrizes criado para facilitar a implementação de métodos no desenvolvimento de projetos.	**FRAMEWORK:** Estrutura feita para resolver um problema específico. Existem vários modelos de frameworks como Canvas, Kanban, Scrum etc.

Tabela 7 – Glossário (Innoscience, 2023).

Como capturar os desafios de inovação aberta com startups

As empresas tendem a iniciar a jornada de relacionamento com startups levando soluções interessantes para convencer as áreas de negócios — "sistema de empurrar". No entanto, temos obtido melhores resultados com a busca direcionada a partir de demandas previamente identificadas — "sistema de puxar", essas demandas são convertidas em "desafios", para os quais as empresas usualmente buscam soluções de startups, ou seja, um desafio pode ser uma dor ou uma oportunidade relevante dentro do contexto da empresa, direcionando o processo de conexão com startups. Para exemplificar, listamos dois desafios do programa de inovação aberta com startups realizados recentemente:

Leitor de decisões judiciais

Atualmente, em uma ação trabalhista, um reclamante pode incluir em uma mesma ação diversos pedidos, sem qualquer limitação. Cada um desses pedidos, por sua vez, pode ter um resultado diferente. Dessa forma, a quantidade de itens a serem analisados manualmente pelas equipes interna e externa é significativa. Hoje, em média, são aproximadamente mil decisões judiciais por ano e esse número é multiplicado pela quantidade de pedidos que existem em cada ação.

Soluções para bebidas no PDV

A categoria de bebidas líquidas para jovens adultos (garrafinhas) precisa ser melhor desenvolvida nos pontos de venda (PDVs). Apesar de possuir um portfólio variado, há um grande desafio em aumentar sua presença, estimular o consumo e expandir a demanda com o público-alvo.

Parte do processo de captura consiste em saber como você vai identificar, detalhar e priorizar os desafios para os quais buscará startups. Para isso, apresentamos um framework de captura de desafios:

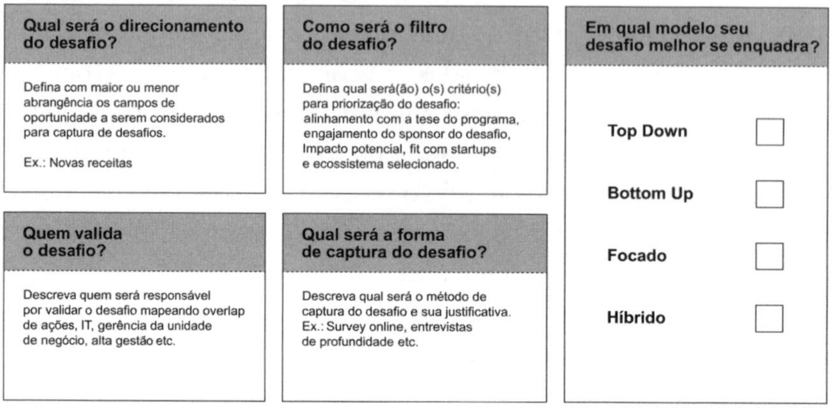

Figura 5 — Framework de captura de desafios (Innoscience, 2023).

POR QUE USAR: para organizar com clareza como será o processo de captura, priorização e descrição dos desafios.

QUANDO USAR: no momento de iniciar a busca por soluções de startups, quando você ainda não tem clareza sobre quais temas são relevantes para sua área ou empresa.

Como descrever um desafio

Um importante passo da jornada é descrever com clareza que problema ou oportunidade cada desafio pretende abordar para que você consiga buscar e filtrar startups aderentes a cada um deles.

Para gerar eficiência nesse processo, apresentamos o Canvas de descrição do desafio, que estimula uma visão geral sobre o problema ou oportunidade, resultado esperado e requisitos inegociáveis para potencializar a assertividade da sua busca e o filtro de soluções:

DESCRIÇÃO DO DESAFIO	
SPONSOR. *Nome do sponsor responsável pelo desafio.*	**DESAFIO.** *Nome ou breve descrição do desafio.*
ÁREAS RELACIONADAS. *Descreva quais são as áreas internas diretamente relacionadas ao tema.*	**TIME.** *Nome dos integrantes do time responsável.*
DESCRIÇÃO DETALHADA DO PROBLEMA/ OPORTUNIDADE (O QUÊ?). *Descreva a dor que está tentando resolver mediante dados e relatos que ajudem na abordagem.*	**JUSTIFICATIVA DA RELEVÂNCIA DO DESAFIO PARA A EMPRESA (POR QUÊ?).** *Descreva o porquê de o desafio ser relevante para a empresa.*
INDICADORES UTILIZADOS PARA MEDIR ESSE DESAFIO. *Por meio de dados históricos, descreva os indicadores utilizados para medir esse problema.*	**RESULTADOS ESPERADOS.** *Descreva quais serão os ganhos obtidos com a resolução desse problema.*
AÇÕES MAPEADAS OU JÁ REALIZADAS PARA A RESOLUÇÃO DO DESAFIO. *Descreva o que já foi testado ou o que está em processo de implementação para abordar essa dor.*	**REQUISITOS INEGOCIÁVEIS.** *Descreva quais são os pré-requisitos para validar a aderência da solução (integração com SAP, funcionamento offline etc.).*
ESPECIFICAÇÃO DO DESAFIO (É UM PROBLEMA COMUM DA INDÚSTRIA OU PARTICULAR ÀS NECESSIDADES DA EMPRESA?) *Identifique se o desafio proposto corresponde a uma dor comum da indústria, ou se representa um problema ou oportunidade específicos para seu negócio.*	**INTEGRAÇÕES.** *Descreva com quais aplicações essa tecnologia deverá ser integrada no futuro.*

Tabela 8 — Descrição de desafio (Innoscience, 2023).

POR QUE USAR: o roteiro foi criado para auxiliar a descrever o desafio de maneira estruturada e consistente, de modo que seja possível explorar caminhos para soluções mais alinhadas ao propósito do problema.

QUANDO USAR: esse roteiro pode ser usado tanto na fase de captura como de detalhamento dos “desafios”.

Onde e como buscar startups

O próximo passo da jornada é a busca por potenciais startups para os desafios priorizados. Há vários locais e formas de fazer essa busca considerando os diversos canais e agentes do ecossistema de empreendedorismo:

Figura 6 – Mapa do ecossistema de inovação (Innoscience, 2023).

É possível utilizar uma tabela no Excel, um painel no Trello ou até mesmo uma mecânica mais refinada em alguma plataforma de gestão da inovação para estabelecer uma forma fácil e objetiva de gerenciar as startups mapeadas.

Desafio	Startup	Sobre a solução	Founder	E-mail	Canal	Status

Figura 7 – Ferramenta de controle de scouting (Innoscience, 2023).

POR QUE USAR: os campos direcionam o registro de informações e estabelecem um controle sobre o fluxo de contato com as startups.

QUANDO USAR: essa ferramenta pode ser usada como controle de busca ativa.

Como estruturar um bom pitch

Para começar, devemos entender, por que o pitch? Pitch é o momento de apresentação da startup e avaliação da sinergia com o desafio. O primeiro passo da estruturação do pitch é definir com clareza quem deve estar presente. Lembre-se que a senioridade dos envolvidos amplia o engajamento de boas startups.

O próximo passo da jornada envolve conhecer melhor as principais startups mapeadas para o desafio priorizado. Há cinco passos que você precisa dar para organizar um bom pitch de startups.

1. Escolha os participantes:

- Startups;
- Sponsors e times de cada desafio;
- Gerentes e diretoria;
- Equipe de inovação.

A sugestão de um roteiro padrão para as startups agiliza o entendimento dos presentes sobre cada apresentação e facilita a comparação entre as alternativas.

2. Defina a dinâmica:

- A startup;
- A solução;
- O cliente-alvo e o problema que ela resolve;
- Aplicação da solução no desafio — como atende à empresa;
- Modelo comercial — como cobra (por usuário, sob demanda etc.);
- Time.

A mecânica, originalmente realizada de forma presencial, migrou com eficácia para o formato remoto. Alguns cuidados são necessários para cada uma das abordagens.

3. Alinhe o formato:

PRESENCIAL:

- Faça um alinhamento de agenda, mecânica e critérios de avaliação no início do pitch;
- Chegue ao local com antecedência;
- Certifique-se de que dispõe de todos os recursos que precisa;
- Teste projetores, som e computadores previamente;
- Evite conversas paralelas no momento da apresentação;
- Prepare as avaliações antecipadamente.

REMOTO:

- Reserve a agenda de todos os envolvidos com antecedência mínima de sete dias;
- Teste a conexão de internet;
- Tenha mais de um equipamento para a conexão;
- Defina a plataforma onde ocorrerá o evento (Teams, Zoom etc.);
- Peça que todos mantenham o microfone desligado durante a apresentação;
- Compartilhe a agenda com todos, garantindo acesso aos links;
- Prepare as avaliações antecipadamente.

4. Gerencie o tempo:

- APRESENTAÇÃO DA SOLUÇÃO: representantes da startup — 10min.;
- PERGUNTAS E RESPOSTAS: participantes da empresa — 10min.;

- AVALIAÇÃO DA STARTUP: nos 5min. finais, recomendamos abrir a sala para considerações sobre os pitches apresentados — 5min.

5. Estabeleça critérios de avaliação:

PRÉ-PITCH:

- Levante informações públicas a respeito da startup e do empreendedor;
- Use as redes sociais para acionar em caso de dúvidas;
- Conheça sua oferta, fundadores e clientes.

REMOTO:

- Preparo e domínio do negócio;
- Empatia e habilidade de comunicação;
- Experiência e resultados anteriores;
- Capacidade de entrega e comprometimento;
- Estrutura e composição do time.

Para capturar o máximo de um pitch é importante valorizar o momento de interação com a startup. Para isso, deve-se estar atento ao tipo de pergunta e como ela impacta no entendimento da informação durante o momento de perguntas e respostas. Elaboramos um pequeno tutorial com as melhores práticas de abordagem:

Não faça perguntas condicionais, mas sim aquelas que exijam o relato de experiências passadas.

Exemplo

Errado: "É possível integrar essa solução com o sistema SAP em um possível rollout?"

Correto: "Qual foi a sua experiência em integrar essa solução com o SAP ou outro sistema similar em outra empresa? Quais as principais dificuldades?"

Não faça perguntas fechadas, mas sim aquelas que exijam o relato de experiências concretas já realizadas.

Exemplo

Errado: "Foi boa sua experiência na empresa x?"

Correto: "Conte-me o que deu certo e o que deu errado na sua experiência com a empresa x?"

Vale relembrar:

- Tenha bastante cuidado ao tomar decisões fundamentadas no que a startup disser que "dá para fazer". Não decida baseado no que a startup promete, mas sim no histórico comprovado do que ela já realizou.
- Os fundadores de startups não são necessariamente jovens inexperientes com ideias inovadoras. Há pessoas com ampla experiência na área de atuação que já ocuparam posições de alta gestão em grandes empresas.
- Startups são negócios voltados para o crescimento. Não são fornecedores exclusivos ou desenvolvedores de soluções sob medida.

Durante a exploração do momento de perguntas, você pode utilizar um formulário impresso ou digital, com critérios previamente estabelecidos, como ferramenta de auxílio à captura de feedback e comparação das alternativas. Destacamos quatro critérios possíveis para avaliação. Pense em critérios complementares que fariam sentido na sua realidade

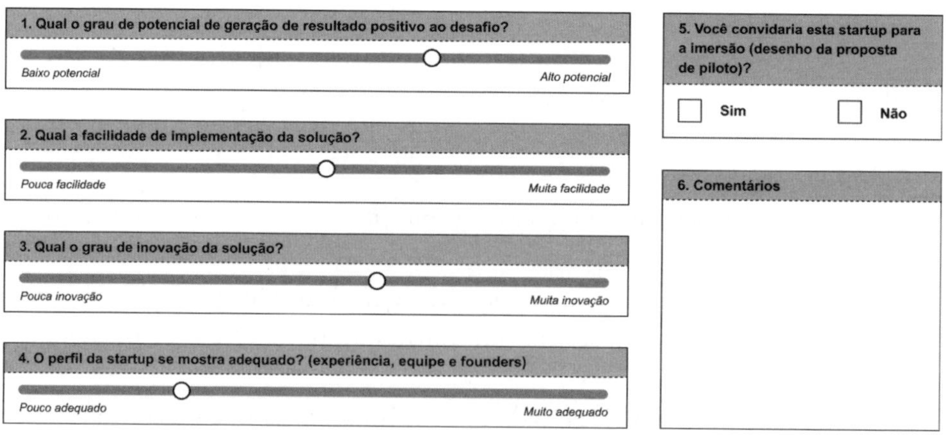

Figura 8 — Quatro critérios para a avaliação de startups (Innoscience, 2023).

POR QUE USAR: organizar a captura de feedback e avaliações de forma objetiva.

QUANDO USAR: essa ferramenta pode ser usada nos 5min. de avaliação pós-pitch de cada startup.

Como construir um piloto

Este passo da jornada trata de cocriar um projeto-piloto que teste em pequena escala a solução da startup no desafio da empresa.

Para começar, é necessário entender que experimentos de negócios são formas estruturadas de testar e validar hipóteses de criação de valor. Todo experimento está condicionado ao risco, que pode ser compreendido por meio da função do nível de exposição — financeira, operacional, regulatória, reputacional — a determinado nível de incerteza. Quanto maior a incerteza, menor deve ser a exposição. Projetos-piloto representam uma forma de experimento de negócios, permitindo testar soluções específicas com baixa exposição em condições de incerteza. Para ilustrar, utilizamos a seguinte equação:

RISCO = F (EXPOSIÇÃO X INCERTEZA)

Para atingir a criação de valor, é importante ter uma boa definição do que se pretende testar com o experimento desenhado, considerando:

1. Cada um conhece uma parte da equação: os times internos conhecem o problema e as startups as possibilidades de solução;
2. Grandes empresas priorizam soluções *tailor-made*, mas startups não são desenvolvedores sob medida;
3. Ater-se ao problema ou oportunidade existente e à solução disponível, assim como não contar com novas oportunidades e possíveis funcionalidades facilita a interação;
4. Se houver sintonia de 70% entre as partes, é um sinal de que é possível seguir adiante.

Entende-se, portanto, que a melhor forma de desenvolver projetos-piloto entre empresas estabelecidas e startups é a cocriação. A cocriação pode ser definida como o processo no qual produtos, serviços e experiências são desenvolvidos em conjunto por empresas e seus parceiros, resultando em um novo espaço no qual o valor criado é compartilhado. Estabelecemos nos tópicos abaixo, os quatro elementos da cocriação:

- **IMERSÃO.** Um time se reúne entre dois e três dias, em tempo integral, para análise, discussão e desenho do projeto-piloto;
- **TIME.** Startup e empresa constituem um único time formado pelos profissionais diretamente interessados no tema, com o objetivo de entregar uma proposta de piloto;
- **RECURSOS.** O time deve ter a autonomia e responsabilidade para acionar os recursos, pessoas, sponsors e materiais necessários;
- **MÉTODO.** Um método estruturado de como desenhar o piloto facilita o alinhamento da linguagem e a expectativa entre as partes.

Uma boa imersão é dividida em quatro fases:

1. Alinhamento. Detalha-se o problema ou oportunidade. A corporação compartilha sua situação atual, indicadores, soluções testadas, stakeholders envolvidos, incertezas e tudo o que permita entender a realidade. A startup apresenta sua solução e as possibilidades de curto e médio prazo.

2. Cocriação. É a elaboração conjunta da proposta de projeto-piloto, com o framework de aprendizagem de pilotos que provê o protocolo e a linguagem para tal fim.

3. Validação. Consultam-se os stakeholders potencialmente impactados — tecnologia, jurídico, sustentabilidade, segurança — para evitar problemas futuros. A orçamentação ocorre aqui também. Startup e empresa devem discutir condições.

4. Aprovação. Reúne pitch, aprovação e alocação de recursos para executar o projeto-piloto. Alguns cuidados aqui podem fazer diferença, tais como, garantir a presença de todos os interessados na solução e pensar no piloto como o início da parceria — e, assim, dimensionar o projeto conforme as necessidades, para validar as incertezas priorizadas.

É possível realizar a imersão em dois formatos: imersivo — encontros sequenciais de dois dias — ou em quatro encontros espaçados, sendo um encontro programado para cada etapa. A forma imersiva é a mais recomendada devido à economia de tempo, dinheiro e facilidade para o processo.

A estrutura do modelo pode ser visualizada da seguinte forma:

Por quê

1. Problema/Oportunidade

Descreve o problema ou oportunidade da corporação.

2. Justificativa

Identifica as razões que mobilizaram o projeto delimitando as fontes de ganhos quando da resolução do problema ou aproveitamento da oportunidade.

Figura 9 — Framework POR QUÊ (Innoscience, 2023).

O quê

1. Solução

Descreve a solução existente da startup.

2. Tipo de Projeto

Caracteriza o tipo de ganhos potencialmente atingidos com o projeto.

- ○ **Branding/Social**
- ○ **Produtividade**
- ○ **Economia**
- ○ **Receita Incremental**
- ○ **Novas Receitas**
- ○ **Mitigação de Risco**

3. Grau de Customização

Estabelece o tipo de solução da startup.

- ○ **Baixo: Produto pronto**
- ○ **Moderado: Produto adaptado**
- ○ **Alto: Produto sob medida**

4. Incertezas, KPIs e Hipóteses

Descreve o que será testado, como será medido e o que seria considerado sucesso.

Incerteza	KPI	Hipótese	Teste

5. Experimento

Descreve o que é o experimento, onde vai ser realizado, como vai ser executado, os principais usuários e o tempo de preparação e testes

- **O quê:**
- **Quem:**
- **Onde:**
- **Quando:**
- **Como:**

Figura 10 — Framework O QUÊ (Innoscience, 2023).

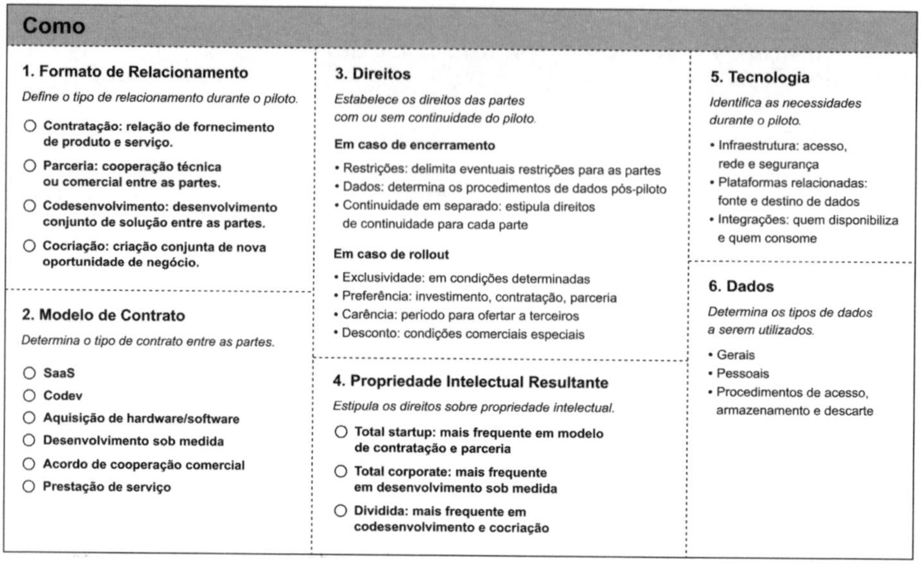

Figura 11 — Framework COMO (Innoscience, 2023).

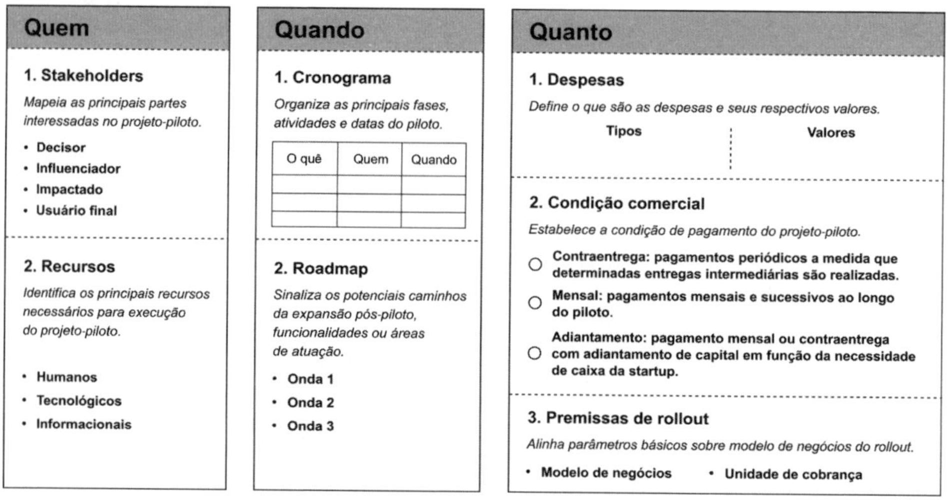

Figura 12 — Framework QUEM, QUANDO, QUANTO (Innoscience, 2023).

Como todo experimento está suscetível ao risco, o constante acompanhamento na etapa de desenho de mais de 320 projetos-piloto entre empresas estabelecidas e startups também nos permitiu sintetizar os principais equívocos no desenho dos pilotos:

- Falta de clareza no problema;
- Excesso, equívoco ou indefinição de incertezas;
- Indicadores e hipóteses incompatíveis e mal redigidas;
- Experimento mal desenhado;
- Recursos e cronograma subestimados.

Com isso, ao final do desenho do piloto você pode usar os itens abaixo para validar os principais aspectos críticos:

1. O problema está descrito da maneira correta, ressaltando seus efeitos?
2. As incertezas estão feitas como perguntas condicionais, que conversam com o problema?
3. Os indicadores estão com a fórmula bem descrita, e as hipóteses estão na mesma unidade de medida do indicador?
4. Os custos do piloto estão adequadamente abertos?
5. O modelo do contrato está descrito de uma forma clara, indicando o que constitui o contrato do piloto e as expectativas de resultados durante o rollout?
6. No experimento, está claramente estipulado, como será feito o piloto, onde será feito, o que será feito e quem estará envolvido?

Como executar um piloto?

O próximo passo da jornada envolve a execução e gestão do projeto-piloto. Listamos a seguir o que não pode faltar para garantir um piloto de sucesso.

- Recomendamos um período de preparação e execução para o desenho do piloto entre três e seis meses, dependendo da complexidade do projeto;
- Pense grande, mas inicie pequeno;
- Utilize integrações tecnológicas apenas com APIs (interface de programação de aplicações) prontas de ambos os lados;
- Converse ao longo da imersão com as demais áreas envolvidas;
- Dê atenção aos aspectos relacionados à propriedade intelectual e aos direitos.

Listamos também um processo de execução que consiste em um passo a passo de três etapas:

1. Escolha uma ferramenta de gestão compartilhada

Recomendamos a plataforma Trello como ferramenta oficial de acompanhamento dos pilotos. Existem, no entanto, outras ferramentas que você poderá utilizar para cumprir o papel como, por exemplo, Asana, Planner, Monday etc. A estrutura da plataforma pode estar definida em três macrocampos de atividade: A FAZER, FAZENDO, FEITO. As atividades seriam pré-programadas no campo "A FAZER", com suas respectivas datas. Conforme as atividades começarem a ser concluídas, a pessoa responsável pelo gerenciamento atualizará o macrocampo com o progresso, seja por meio de um registro histórico ou de um cronograma semanal. É importante lembrar que a plataforma serve como um guia durante todo o piloto, auxiliando no mapeamento de entregas, atrasos e andamento em geral.

2. Defina papéis

STARTUP

1. Participar das reuniões de *kick off* (reunião inicial de um projeto), status e encerramento;
2. Ser o dono de suas entregas: cumprir prazos com qualidade e proatividade;
3. Fazer a gestão do controle de atividades conforme as tarefas vão sendo concluídas;
4. Sinalizar dificuldades que venham a ocorrer.

GESTOR

1. Participar das reuniões de *kick off*, status e encerramento;
2. Trabalhar lado a lado com a startup, dando a ela o suporte necessário;
3. Respeitar o cronograma e os pactos feitos no framework do piloto;
4. Envolver as áreas de apoio necessárias;
5. Fazer gestão interna do andamento dos pilotos;
6. Dar suporte em alinhamentos internos para que os pilotos corram conforme o esperado.

O projeto-piloto é uma iniciativa de três a seis meses que demanda envolvimento direto de membros da startup e da empresa estabelecida. A realização de reuniões de acompanhamento de 30min., semanais ou quinzenais, para avaliar a evolução e definição de próximos passos a seguir é uma abordagem ágil oportuna para gestão dos projetos-piloto.

3. Elabore um cronograma de acompanhamento

Duração: 30min.

Quem participa: sponsor e time, gestor e startup.

Escopo: verificação do que foi trabalhado durante as semanas anteriores, com base no cronograma registrado no Trello.

Lembre-se: a equipe e a startup devem trabalhar diariamente para atingir os objetivos do piloto. Reunião de acompanhamento não é reunião de trabalho.

	Semana de	O quê
1	03 - Agosto	Reunião de Kickoff
2	10 - Agosto	Trabalho - diário
3	17 - Agosto	Trabalho - diário
4	24 - Agosto	Reunião de Acompanhamento
5	31 - Agosto	Trabalho - diário
6	08 - Setembro	Trabalho - diário
7	14 - Setembro	Reunião de Acompanhamento
8	21 - Setembro	Trabalho - diário
9	28 - Setembro	Trabalho - diário
10	05 - Outubro	Reunião de Acompanhamento
11	13 - Outubro	Trabalho - diário
12	19 - Outubro	Trabalho - diário
13	26 - Outubro	Trabalho - diário
14	03 - Novembro	Reunião Final

Figura 13 — Cronograma de acompanhamento (Innoscience, 2023).

Toda a caminhada, desde a captura do desafio, teve como objetivo a execução do projeto-piloto. Essa é a fase principal de toda a jornada; é também aquela que exige maior envolvimento das partes.

Alguns pontos que merecem atenção

- Falta de envolvimento e dedicação dos participantes nos pilotos;
- Alteração do método ou do escopo do piloto pactuado;
- Falta de envolvimento das áreas de apoio quando necessário;
- Falha em escalar assuntos urgentes para liderança quando necessário.

Como avaliar resultados?

O último passo da jornada aborda a avaliação de resultados e a tomada de decisão sobre o piloto.

A avaliação de resultados de um piloto aborda o entendimento quanto à capacidade de escalar determinada solução e como isso poderá se converter em ganhos para o negócio. Para isso, elencamos as principais considerações:

1. **Avaliação do piloto.** Avalia os resultados alcançados durante o piloto de acordo com as metas pré-definidas na proposta do piloto;
2. **Avaliação de riscos.** Avalia os riscos de contração da solução para a companhia;
3. **Perspectiva de replicabilidade.** Avalia a possibilidade de replicar a solução executada no piloto em larga escala;
4. **Projeção de resultados.** Avalia a projeção de impacto ao negócio da empresa com a replicabilidade da solução.

Obs.: considere também se existiu boa aderência no relacionamento entre as partes durante a execução do piloto, de forma a prevenir eventuais desavenças.

A avaliação do piloto deve ser um momento estruturado, com todas as partes interessadas envolvidas, para análise dos dados relacionados às incertezas elencadas para o teste. Ela é recomendada por meio da captura de dados.

Dados a capturar. São os dados correspondentes às incertezas mapeadas.

Métricas de captura. São as perguntas elencadas nos KPIs.

Avaliação de resultados. Avalia se as hipóteses previamente estabelecidas foram atendidas.

Consolidação de resultados. Destaque dos resultados alcançados.

Durante a deliberação quanto à continuidade, os projetos-piloto podem ser encerrados, estendidos ou escalados. A avaliação dependerá da resposta às incertezas e da qualidade do relacionamento entre as partes, sendo classificada em três possíveis recomendações: **Escalar, Estender, Encerrar**. Para estruturar a apresentação dos resultados obtidos e o melhor caminho com base nos critérios mais adequados, fornecemos o Canvas de resultados do piloto:

<table>
<tr><th>Data: / /</th><th>Canvas de resultados do piloto da startup</th></tr>
<tr><td>Incertezas do piloto
Passo 1: Adicionar as incertezas do piloto alinhadas no canvas do piloto.</td><td>Indicadores
Passo 2: Adicionar os indicadores e resultados esperados alinhados no canvas do piloto.</td></tr>
<tr><td>Resultados esperados</td><td>Resultados realizados
Passo 3: Quais foram os resultados realizados?</td></tr>
<tr><td colspan="2">Eventos inesperados durante o piloto
Passo 4: Relate o que ocorreu fora do previsto. Dificuldades imprevistas, incertezas não previstas ocorridas, pontos positivos.</td></tr>
</table>

Figura 14 – Canvas de resultados do piloto da startup (Innoscience, 2023).

Canvas de recomendação do piloto

Recomendação

Qual a avaliação sobre a solução e a startup?

- **Avaliação do piloto:** avalia os reultados alcançados durante o piloto de acordo com as metas pré-definidas;
- **Aderências entre as partes:** avalia o relacionamento entre as partes durante a execução do piloto;
- **Perspectiva de replicabilidade:** avalia a possibilidade de replicar a solução executada no piloto em maior escala;
- **Projeção de resultados:** avalia a projeção de impacto ao negócio da empresa com a replicabilidade da solução.

Qual a recomendação?

○ **Encerrar:** é a melhor alternativa quando as incertezas foram negativamente respondidas e a parceria não funcionou adequadamente entre as partes.

○ **Estender o piloto:** é a melhor opção quando as incertezas foram parcialmente respondidas ou determinados eventos inesperados impactaram os resultados. Nesse caso, estender o experimento com o mesmo escopo ou com escopo adaptado pode fazer sentido.

○ **Escalar o piloto:** é a opção natural quando as incertezas foram positivamente respondidas e a parceria funcionou super bem. Escalar não pressupõe, necessariamente, sair de zero para o infinito do dia para a noite.

Figura 15 — Canvas de recomendação do piloto (Innoscience, 2023).

POR QUE USAR: o Canvas de resultados permite que startups e times consolidem as atividades vivenciadas ao longo do experimento e analisem os principais dados e aprendizados extraídos do piloto.

QUANDO USAR: essa ferramenta deve ser utilizada durante a apuração e apresentação dos resultados.

REFERÊNCIAS

100 OPEN STARTUPS. "Panorama sobre a prática de open innovation entre corporações e startups no Brasil 2022", 18 de outubro de 2022.

BETH ALTRINGER. "A new model for innovation in big companies". *Harvard Business Review*, 19 de novembro de 2013.

CARLOMAGNO, MAXIMILIANO. "O erro bom e o erro ruim". *MIT Sloan Management Review*, 14 de janeiro de 2021.

CARLOMAGNO, MAXIMILIANO. "Os projetos-piloto ajudam a inovação aberta". *MIT Sloan Management Review*, 11 de setembro de 2019.

CARLOMAGNO, MAXIMILIANO. "Passo a passo da inovação aberta com startups". *MIT Sloan Management Review*, 20 de abril de 2021.

CARLOMAGNO, MAXIMILIANO. "Um novo framework para projetos-piloto". *MIT Sloan Management Review*, 11 de outubro de 2022.

CB INSIGHTS. "When corporate innovation goes bad – the 164 biggest product failures of all time", 4 de outubro de 2021.

CHESBROUGH, W. HENRY. BRUNSWICKER, SABINE. *Managing open innovation in large firms*. Fraunhofer IAO. Executive Survey on Open Innovation, 2013.

CHESBROUGH, W. HENRY. "The era of open innovation". *MIT Sloan Management Review*, 15 de abril de 2003.

CHRISTENSEN, M. CLAYTON. HALL, TADDY. DILLON, KAREN. DUNCAN, S. DAVID. "Know your customers – Jobs to be done". *Harvard Business Review,* setembro, 2016.

EDMONDSON, C. AMY. *A Organização Sem Medo: Criando segurança psicológica no local de trabalho para aprendizado, inovação e crescimento.* Rio de Janeiro: Alta Books, 2021.

IBGC — INSTITUTO BRASILEIRO DE GOVERNANÇA CORPORATIVA. *Governança corporativa para startups e scale-ups.* IBGC Segmentos. São Paulo, 2019.

MCKINSEY & COMPANY. "Enduring Ideas: The three horizons of growth". *McKinsey Quarterly.* 1 de dezembro de 2009.

NAGJI, BANSI. TUFF, GEOFF. "Managing your innovation portfolio". *Harvard Business Review*, maio, 2012.

RIES, ERIC. *A Startup Enxuta: The lean startup.* São Paulo. Editora Leya. 2011.

LEITURA COMPLEMENTAR

A inovação é um processo que demanda ação contínua e aprendizado constante. Para auxiliá-lo nessa jornada, as leituras complementares a seguir são o próximo passo para aprofundar seu conhecimento.

Cada obra, oferece insights e estratégias valiosas que podem ser aplicadas para impulsionar a inovação em sua organização.

1. *Inovação Aberta: Como criar e lucrar com tecnologia*, por Henry Chesbrough, 2011.
2. *The Innovator's Method: Bringing the Lean Start-Up into Your Organization*, por Nathan Furr e Jeff Dyer, 2014.
3. *Dual Transformation: How to Reposition Today's Business While Creating the Future*, por Scott D. Anthony, Clark G. Gilbert e Mark W. Johnson, 2017.
4. *Experimentation Works: The Surprising Power of Business Experiments*, por Stefan H. Thomke, 2020.
5. The Innovator's Dilemma: When New Technologies Cause Great Firms to Fail, por Clayton M. Christensen, 2015.
6. *A Startup Enxuta: Como usar a inovação contínua para criar negócios radicalmente bem-sucedidos*, por Eric Ries, 2019.
7. *The End of Competitive Advantage: How to Keep Your Strategy Moving as Fast as Your Business*, por Rita Gunther McGrath, 2013.
8. *Startup: manual do empreendedor. O guia passo a passo para construir uma grande empresa*, por Steve Blank e Bob Dorf, 2014.

9. *The Invincible Company*, por Alex Osterwalder, Yves Pigneur, Fred Etiemble e Alan Smith, 2021.
10. *Gestão da Inovação na Prática*, por Maximiliano S. Carlomagno e Felipe Ost Scherer, 2016.
11. *Corporate Explorer: How Corporations Beat Startups at the Innovation Game*, por Andrew Binns, Charles O'Reilly e Michael Tushman, 2022.
12. *Creative Construction: The DNA of Sustained Innovation*, por Gary P. Pisano, 2019.

ÍNDICE

A

E

F

G

H

I

R

S

T

V

Este livro foi impresso nas oficinas gráficas da Editora Vozes Ltda.,
Rua Frei Luís, 100 – Petrópolis, RJ.